4/15 For
Lang. £3=

Petite bibliothèque
des idées

De l'hospitalité
Jacques Derrida, Anne Dufourmantelle

Il est permis d'espérer
Václav Havel

Invocations
Alain Didier-Weill

C'est pour cela qu'on aime les libellules
Marc-Alain Ouaknin

Comme des frères
Frédéric Boyer

L'Avenir d'une révolte
Julia Kristeva

Lettres sur la nature humaine à l'usage des survivants
Dany-Robert Dufour

Collection dirigée
par Anne Dufourmantelle

ESSAI D'INTOXICATION VOLONTAIRE

DU MÊME AUTEUR

Dans le même bateau, Rivages, 1997.

Le Penseur sur scène, Bourgois, 1990.

*L'Arbre magique. La naissance de la psychana-
lyse en l'an 1785*, Flammarion, 1987.

Critique de la raison cynique, Bourgois, 1987.

Peter Sloterdijk

ESSAI D'INTOXICATION VOLONTAIRE

Conversation avec Carlos Oliveira

*Traduit de l'allemand
par Olivier Mannoni*

Calmann-Lévy

Titre original allemand :
SELBSTVERSUCH - EIN GESPRÄCH MIT CARLOS OLIVEIRA
(Première publication : Carl Hanser, Munich, 1996)

© Carl Hanser Verlag, 1996
© Calmann-Lévy, 1999

ISBN 2-7021-2981-1

I

L'individu sous le soupçon
de la critique intellectuelle

Carlos OLIVEIRA : Peter Sloterdijk, nous entamons une conversation qui devrait être un peu plus fouillée qu'une interview ordinaire. Une conversation qui tournera entièrement autour du diagnostic porté sur notre époque. Je descends ainsi dans l'arène de ton travail. Car depuis que tu t'es fait remarquer en 1983 avec un livre qui a marqué son temps, ta *Critique de la raison cynique*[1], le diagnostic sur notre époque est devenu le leitmotiv de ta réflexion et de ton action publiques d'orateur et d'écrivain. Aujourd'hui, il fait même partie de ton travail universitaire à la Hochschule für Gestaltung, cette grande école d'arts de Karlsruhe où tu occupes depuis 1992 la chaire de philosophie et d'esthétique.

---

1. Peter Sloterdijk, *Critique de la raison cynique*, Bourgois, 1987. Le livre a été traduit depuis dans une dizaine de langues.

7

Peter SLOTERDIJK : Ne devrions-nous pas avant toute chose nous mettre d'accord sur l'idée même de « diagnostic sur notre époque » ? Ou bien vaut-il mieux attendre que notre entretien nous fournisse une occasion d'en donner une définition ?

C. O. : Pour ce qui me concerne, je me réfère tout naturellement à la fameuse phrase de Hegel : la philosophie, c'est son époque saisie par la pensée. Depuis Hegel, il paraît évident que la philosophie ne peut plus être pratiquée comme une science de l'intemporel, mais qu'elle doit s'engager dans l'aventure de l'historicité et des révolutions politiques ou techniques. Je placerais volontiers notre conversation sous cette maxime, même si nous savons aujourd'hui, bien entendu, que l'on ne peut satisfaire à des ambitions aussi globales.

P. S. : D'accord. Je veux seulement ajouter que lorsqu'on porte un diagnostic sur notre époque, aujourd'hui, il ne suffit plus de se concevoir dans une situation datée « après Hegel ». Cela avait un sens juste après la mort du maître ; à partir de 1831, la datation « après Hegel » valait aussi programme, et les deux courants les plus importants du XIXᵉ siècle, l'existentialisme et le marxisme, sont intimement caractérisés par cette datation. Même après 1968, on a eu encore une fois l'impression d'avoir atteint le sommet, lorsqu'on réfléchissait entièrement « après Hegel ». Mais aujourd'hui, cette datation passe à côté de la réalité. Le diagnostic sur l'époque doit désormais compter avec d'autres césures chronologiques, et nous opérons

8

une datation plus précise, de nos jours, lorsque nous nous situons « après Nietzsche », « après Oppenheimer », « après Turing ». C'est d'ailleurs Nietzsche qui a inventé la formule du philosophe comme médecin de la culture — dès lors, aujourd'hui, lorsqu'on émet un diagnostic sur son époque, on évolue toujours aussi sur un terrain que Nietzsche a contribué à explorer. Cela implique du reste que pour pouvoir formuler un diagnostic sur l'époque, il faut être intoxiqué par son époque. Je voudrais ajouter ici que la pensée philosophique ne signifie ni la pure réflexion, ni l'expression, mais qu'il s'agit d'une fièvre réagissant de nouveau à une intoxication spécifique. Chez Nietzsche, la vision d'une santé supérieure s'ajoute à cette conception.

C. O. : Par conséquent, si nous voulons que notre conversation aboutisse, nous devons toucher à la blessure ou à l'intoxication que représente le fait de vivre à notre époque. Nous allons aborder des sujets très divers. J'espère qu'on verra clairement à quel point ils contribuent tous au même diagnostic, à la même pathographie de notre temps. Le but sera d'appréhender sous une forme conceptuelle la sensibilité actuelle de l'Occident, pour autant que nous pourrons y arriver au cours d'un unique dialogue. Nous devrions commencer avec quelques questions sur l'idée que l'individu contemporain a de lui-même. L'individualisme et la crise de la subjectivité me paraissent en effet constituer les deux phénomènes majeurs, d'un point de vue psychologique et sociologique. *Quid* du rapport de l'individu à soi-même et à l'autre, à l'amour et à la sexualité ? Bien entendu, nous sommes conscients que dans un premier temps, nous ne pouvons nous exprimer que sur notre propre fragment de la réalité. Nous nous fondons par conséquent sur une image eurocentrique de la société moderne individualiste — mais *de facto*, notre mode de vie est devenu un modèle actif dans le monde entier, qui incarne par excellence les tendances de la civilisation moderne. Nous parlerons d'autre part du politique depuis 1989, notamment de la manière dont les intellectuels ont vu changer leur conscience de soi. Ou plus précisément, les intellectuels de la génération intermédiaire, puisque tu en es un, et parmi les plus importants.

Pour finir, je voudrais aussi recueillir ton avis sur les évolutions actuelles des médias. Nous aurons peut-être encore le temps, après, de nous demander pour quelles raisons un nouveau rapport à la religion se dessine aujourd'hui chez certains théoriciens, un rapport qui, si l'on veut, marque l'ère de l'après-Lumières. Et cela nous donnerait l'occasion d'évoquer tes réflexions parfois très provocatrices sur ce sujet, dans notre époque que l'on dit tellement postmétaphysique.

P. S. : Tu veux m'achever...

C. O. : Non, non, je sais bien que tu n'as pas beaucoup de temps. J'en viens donc sans détour à ma première question et à ma première thèse. Je voudrais partir de ce que j'appelle la névrose de l'individu des temps modernes, de l'individu contemporain : j'y vois l'application sociale directe d'une pensée fondamentale de la philosophie moderne et contemporaine : cette « fixation » sur le moi, le *cogito*, ce que l'on appelle le sujet, fixation qui remonte à Descartes, Kant, Fichte. Je parlerais de l'individu des grandes villes comme d'un zombie nomade dans la société de l'ego : est-ce une formulation adaptée ? Y trouve-t-on le germe d'une analyse correcte ?

P. S. : Eh bien, cette formulation polémique est peut-être adaptée dans la mesure où elle participe, elle aussi, au jeu de l'individualisme moderne. Je veux en donner une brève définition : l'individualisme naît lorsque des gens rédigent eux-mêmes leur autodescription, c'est-à-dire lorsqu'ils se mettent à réclamer les droits d'auteur sur leurs propres histoires, leurs propres opinions. À partir du XVIIIe siècle, cela saute aux yeux — depuis, les individus bourgeois sont, de manière virtuelle et actuelle, des héros de roman et les auteurs de leurs autobiographies. Au XXe siècle, l'individualisme du design s'ajoute à l'individualisme du roman : à présent, nous réclamons aussi des droits sur notre apparence. Mais quel rapport avec la philosophie des temps modernes ? Eh bien, on pourrait sérieusement estimer que l'évolution vers l'individualisme est un épiphénomène du principe de la philosophie moderne, qui consiste à chercher dans la pensée active du penseur lui-même le fondement de toute représentation. Tous ces gens hauts en couleur que tu vois flâner aujourd'hui dans les centres-villes, avec leurs coupes à l'Iroquois, leurs bottes de parachutiste, en se comportant comme des *tigerlilly* en fourrure synthétique — tout cela serait impossible, pour des raisons de principe, si les philosophes, depuis plus de deux cents ans, n'avaient pas pénétré de plus en plus profondément dans l'idée que l'être et le produire ne font qu'un. Lorsque sombre le vieil être objectif, donné par Dieu, les hommes qui se considéraient comme ses fidèles serviteurs disparaissent avec lui. Après 1789, l'ontologie classique passe à la guillotine. Depuis, nous nous faisons donner du Monsieur, Madame, nous voulons nous inventer nous-mêmes et jouir de nous-mêmes au-dessus de l'abîme. Car à l'instant où nous abandonnons l'idée qu'un dieu pense à travers nous, à l'instant où nous cessons de supposer qu'une intelligence universelle et impersonnelle se réalise en nous et par nous, à cet instant-là, il devient nécessaire de considérer l'intelligence comme une forme de propriété privée, et en même temps comme une sorte de capital. Ce capital, les hommes qui réfléchissent l'investissent dans des thèmes et des projets. Nous ne sommes pas des agents de l'absolu, et c'est la raison pour laquelle nous sommes « nous-mêmes », comme on dit si joliment. Nous vivons et nous pensons à notre guise. Ce virage vers l'être-soi-même et le penser-soi-même, ce mouvement qui laisse derrière lui une queue de comète colorée, pleine de formes de vie, s'appuie curieusement sur un concept scolastique correct, celui de la conservation de soi, qui avait jadis un sens cosmologico-théologique. Il affirme que la machine du monde est si bien construite que son créateur n'est pas obligé de débrayer toutes les cinq minutes pour éviter un retour au néant : elle se conserve par elle-même, elle fonctionne toute seule. La conservation de soi implique l'automatisme de l'étant. Au début des temps modernes, ce concept s'est transféré sur l'individu qui pense et qui produit. Dans cette mesure, nous ne sommes pas tellement dans le faux lorsque nous décrivons aujourd'hui l'individu comme le nombril du monde. En disant « individu », nous désignons un sujet qui s'implique dans l'aventure de la conservation de soi-même et veut déterminer de manière expérimentale quelle vie est la meilleure pour lui-même. Si tu veux qualifier de zombies nomades les gens qui vivent en fonction de ces règles du jeu, libre à toi ; mais dans mon esprit, il est clair que tu parles de ces individus-designers. Je crois du reste que le deuxième concept — l'expérimentation sur soi-même — est indispensable si l'on veut expliquer pourquoi nous n'épuisons pas l'individualisme moderne avec le seul concept fondamental de conservation de soi. L'homme du XIXᵉ et du XXᵉ siècle qui se conserve lui-même est un homme, ou une femme — le facteur féminin prend une place de plus en plus prépondérante — qui s'arroge le droit de mener des expériences sans limites avec sa propre vie. C'est la manière dont les individus d'aujourd'hui mettent en scène leur modernité. Ils sont effectivement sortis du concept antique et médiéval du monde. Nous ne disons plus : le monde est tout ce que Dieu a créé tel qu'il est — acceptons-le. Nous ne disons pas non plus : le monde est un cosmos, un joyau d'organisation, plaçons-nous à l'endroit qui convient. Au lieu de cela, nous pensons avec Wittgenstein que le monde est tout ce que l'on peut dire. Non, c'est exprimé d'une manière encore trop scolastique. Car en vérité, nous vivons comme si nous voulions exprimer notre foi en cette phrase : le monde est tout ce avec quoi nous menons des expériences jusqu'à la fracture.

C. O. : Tu affirmes donc que le concept de conservation de soi n'épuise pas l'individualisme moderne. À la conservation de soi s'ajoute quelque chose de dangereux. Un deuxième élément la complète et la pousse au-dessus d'elle-même. De quoi s'agit-il, au juste ?

P. S. : Comme je l'ai dit, c'est l'élément expérimental, agissant en même temps que la volonté d'augmentation : le fait que l'individu moderne, dans les tentatives qu'il mène sur lui-même, prend la liberté de se tester jusqu'aux limites de l'auto-annihilation. C'est un trait passablement surprenant. Si l'on veut retrouver quelque chose de comparable, il faut remonter jusqu'à l'idée de l'auto-destruction mystique que l'on rencontre couramment au Moyen Âge européen, et peut-être aussi dans les écoles de méditation orientales. Il me semble que l'on répète aujourd'hui, dans un code non théologique, des éléments qui ont déjà été expérimentés, jadis, dans la mystique chrétienne — le plus souvent dans le langage de l'expérience intensifiée de soi, de l'ivresse, c'est-à-dire de la civilisation du vécu. On peut résumer ce phénomène en une formule : conservation de soi plus expérimentation sur soi égale intensification de soi-même.

C. O. : C'est un concept que tes lecteurs connaissent pour l'avoir rencontré dans tes derniers livres, notamment dans tes essais sur le transport moderne, sur l'automobilisation et sur ce que tu as appelé la « mobilisation générale », en te rattachant aux textes écrits par Ernst Jünger dans les années 30 — ce qui implique aussi bien la mobilisation des corps que la mobilisation des images.

P. S. : Parfaitement exact. Le concept d'intensification de soi recouvre quelque chose que l'on ne peut restituer par la seule pensée de la conservation de soi. Dans la tradition classique, est sage celui qui se préserve lui-même en s'attachant au cosmos — et même dans les temps modernes, on admet qu'il existe une équivalence très profonde entre la raison et la conservation de soi. Mais la modernité a quitté depuis très longtemps ce champ où la raison rime avec la conservation de soi. La volonté d'auto-intensification a coupé la laisse autoconservatrice, on exige en retour une sorte de droit à l'auto-extinction. Celui qui se conduirait toujours d'une manière rationnelle, autoprotectrice, se priverait d'une bonne partie de ces choses qui appartiennent depuis longtemps, et tout naturellement, à nos habitudes expérimentales — ce culte de la vitesse sans limites, cette tendance absolue à l'intensification en toute chose. Cela révèle que nous voulons pousser les frontières de la tolérance du soi (mais aussi les charges que nous faisons supporter à notre vieille nature) jusqu'à un seuil qui nous inspire forcément une profonde angoisse. Le processus mondial, dans son ensemble, a beaucoup plus de traits communs avec une *party* de suicidaires à grande échelle qu'avec une organisation d'êtres rationnels visant à la conservation de soi.

C. O. : Une *party* de suicidaires... le terme est explosif ! Qu'entends-tu par là ?

P. S. : On y voit s'ébattre des gens qui deviennent risibles à force de provoquer leur propre extinction en tentant de se conserver. Mon premier livre, *La Critique de la raison cynique*, traite exclusivement de cette volonté de conservation à la mort.

C. O. : Un thème que tu as sans doute emprunté à Adorno.

P. S. : Et que j'ai aussi transposé de la tonalité de la science triste dans le registre du gai savoir, ou de la science tragi-comique.

C. O. : Au début de notre entretien, nous avons fait allusion au contexte de l'histoire des idées dans lequel est apparue l'idée de la conservation de soi, telle que la connaissent les temps modernes, ce motif originel de la modernité. Et de là, nous en sommes venus, comme si c'était tout naturel, aux premières formulations sur la critique de notre époque. J'aimerais que tu t'attardes encore un peu sur ce point. Cette réflexion que tu viens d'exposer de manière abstraite, tu peux peut-être l'illustrer en décrivant l'état « d'implosion » de cette fin des temps modernes, pour reprendre les mots de Baudrillard. On nous dit que nous vivons aujourd'hui dans un univers de consommation où tous les besoins matériels sont censés être satisfaits, au moins virtuellement. Quelles conséquences, quelles excroissances cela implique-t-il ? Pour ma part, je ne comprends pas encore tout à fait ce que tu veux dire lorsque tu affirmes que l'individu moderne n'a pas encore sondé les possibilités de l'autodestruction et de l'ivresse, et qu'il continue à mener ses expériences.

P. S. : Je note le terme « implosion » pour plus tard. Je voudrais d'abord revenir sur cette thèse selon laquelle l'individu typique des classes moyennes occidentales et modernes est un expérimentateur. Le mythe analytique sur lequel se fondent, globalement, les temps modernes, s'empare à partir du XIXᵉ siècle de toute la société bourgeoise, jusque dans ses formes de vie quotidienne, à commencer par les communes d'artistes et la future Bohème, où l'on mène des expériences sur les relations et les styles d'expression. Ce mythe des plus petits éléments possibles a pu paraître anodin au commencement, tant qu'on pouvait simplement le comprendre comme une expansion de la mécanique au domaine du quotidien. N'est-il pas tout naturel que des ingénieurs réfléchissent dans ces termes-là ? Mais que sont les ingénieurs à côté des princes, des évêques, et des gens qui ont des principes fermes ? Quelques horlogers de plus ne font pas nécessairement perdre sa mesure au monde, pas plus que quelques anatomistes supplémentaires. Quelques nouveaux constructeurs de machines, une poignée de philologues critiques là-dessus — que peuvent-ils bien faire ? Ils facilitent la vie, ils donnent un rythme à notre emploi du temps quotidien, ils améliorent nos lectures ; ils démontent tout et le recomposent ensuite, qu'y a-t-il de mal à cela ? Devons-nous pour autant les pendre ? Dans un premier temps, on ne peut discerner à quoi mène la subversion analytique. L'ancien Dieu et les nouvelles machines cohabitent très bien dans un premier temps. À partir du XVIIIᵉ siècle, le mythe analytique devient agressif à l'égard des formes dominantes de la pensée synthétique, je veux parler des systèmes religieux. D'un seul coup, on découvre quelles sont les cibles du mythe analytique militant. En décomposant tout, en rebâtissant tout, il force les individus à recréer leurs opinions sur Dieu et sur le monde à partir de leurs propres réflexions — et sans pouvoir profiter du soutien garanti que constituent les vieilles histoires invariables, ces provisions mythologiques sur lesquelles nous vivions encore hier. Ainsi se met en marche une expérimentation existentielle totale qui égratigne toujours les hommes des temps modernes, parce que l'on se retrouve d'un seul coup face à la dramatique absence de tout patrimoine de convictions utilisables, d'opinions, de dogmes. L'analyse fait de l'inconfort un principe ; désormais, il faut mettre le cap sur l'innovation permanente. C'est sur ces rails expérimentaux que continuent à rouler, et de plus en plus vite, les gens des XIXe et XXe siècles. Qui peut encore pratiquer, aujourd'hui, une foi à l'ancienne mode ? À mon avis, personne, à part dans certains milieux très, très conservateurs qui subsistent encore çà et là. Dans la plupart des cas, nous sommes devenus, *grosso modo*, des hommes du temps présent, dans un sens précis : nous ne consommons plus notre héritage, nous vivons de nos revenus actuels. Lorsque le vieux Ford dit que l'histoire, c'est de la blague, *history is bunk*, chacun sait immédiatement ce qu'il veut dire — nous vivons de nouveau dans un horizon mythologique, et pas dans des traditions, parce qu'avoir une tradition signifierait que l'on aurait hérité un monde complet. Or, nous héritons très peu de chose...

18

C. O. : Comment cela, nous vivons aujourd'hui dans un horizon mythologique ?

P. S. : Mais oui, mythologique, parce qu'une culture qui divinise le présent, comme la nôtre, se nourrit de thèmes intemporels qu'elle fait circuler par le biais de ses médias. Nos *stories* fonctionnent exactement comme des mythes, même les informations télévisées nous rapportent les mêmes thèmes sempiternels, ces accidents toujours identiques, autant de scènes primitives qui ont pris l'habit de la nouveauté. Le mythe est une méthode consistant à décrire le monde de telle sorte que rien de neuf ne puisse y survenir. Dans ce sens, la somme de toutes les informations et de toutes les histoires véhiculées dans nos médias produit un effet mythologique. Rappelle-toi les sociétés traditionnelles — elles étaient parcourues par un grand flot qui, d'une génération à l'autre, colportait les sagesses des mères, des pères et des aïeux, si bien que chacune de ces générations n'était jamais qu'un canal ou un amplificateur par lequel pouvait s'écouler un processus discursif remontant profondément dans l'histoire de l'espèce — sous forme de variantes assez rigoureuses de quelques schémas invariables. Dans les temps modernes, bien entendu, on ne pouvait pas en rester là. Les flots discursifs actuels sont beaucoup plus chaotiques, ils élaborent aussi les actualités et les nouvelles *stories*, qui sont, à la surface, bigarrées, diverses, inouïes ; mais nos médias engendrent eux aussi un monde sans surprise, et c'est ainsi qu'ils produisent, de nouveau, un effet mythologique. Aujourd'hui, il faut plus de temps pour trouver la totalité des constantes ; mais on finit tout de même par les découvrir.

Pense à cette avidité de séries télévisées. On y injecte dans les cerveaux des *stories* intemporelles, histoires d'amour, de violence, de persécution, de crimes, histoires de pertes et de retrouvailles, incidents chez les riches et les célèbres, chez ceux « qui peinent et ploient sous le fardeau » — et la bonne nouvelle, là-dedans, c'est justement que rien n'arrive pour de bon !

Mais en réalité, je voulais mener à son terme la réflexion que nous avons entamée tout à l'heure — le mythe analytique et la grande évacuation de l'héritage des aïeux. Au XIXe siècle, le processus de perte d'héritage, que j'appellerai le déshéritage, produit pour la première fois, et à une grande échelle, des résultats visibles. On voit apparaître des styles de vie et d'expression radicaux — je ne dirais pas que ce sont des mouvements de masse, mais ce sont tout de même des tendances qui mobilisent des quantités non négligeables d'êtres humains. De nouvelles formes de vie s'imposent : existentialisme, expressionnisme, automatisme, nihilisme, déconstructivisme. Tout cela montre à quel point l'intérieur est mis à disposition et catapulté à l'extérieur, une fois qu'a été dynamité le code classique qui donnait jusqu'alors une contenance au sujet. Connais-tu Gottfried Benn ? J'ignore s'il a jamais été lu en Espagne. Chez nous, c'est un point de repère. Ses expériences de dissolution de soi représentent le point le plus extrême de ce qu'a connu le XXe siècle : « Moi éclaté — oh, abcès enflé d'ivresse/Fièvre dissipée — arme qui vole en éclats suaves » — et à côté de cela le fameux « Ô nuit ! j'ai déjà pris de la cocaïne/elle commence à se diffuser dans mon sang... » Si l'on veut comprendre quelque chose au sentiment de la décomposition, qu'on étudie l'œuvre de Benn ! C'était le maître formulateur du moi décomposé, lorsque vous avez lu ça à vingt ans, aucune déconstruction philosophique ne peut plus vous surprendre.

Mais je voulais encore dire autre chose. Cette vie expérimentale met de plus en plus en évidence ce que tu désignais tout à l'heure avec ta question, si je ne m'abuse : j'appelle cela la situation du point zéro. L'individu qui expérimente, lorsqu'il regarde en lui-même, ne peut guère trouver, pour l'instant, autre chose que ce que Benn a noté dans sa nouvelle *Le Ptoléméen* de 1947 : je « regardais en moi-même », y écrit-il, « mais ce que j'ai vu était étonnant, c'étaient deux phénomènes, la sociologie et le vide ». Voilà comment je l'interprète : l'individu qui ne se laisse pas absorber par ses qualités, mais se met entre parenthèses et s'observe lui-même, établit qu'il ne s'agit pas d'une chose massive, mais d'un espace creux. L'analyse prend ainsi une acuité existentielle. Elle me dit : je suis un canal, ou un chauffe-eau instantané pour les substances publiques — le fourbi du social, les événements venus de l'extérieur, la matière apportée par le vent.

Beaucoup de choses passent, à partir desquelles il me faut me brasser un moi, et je le fais tant bien que mal. Mieux, c'est ainsi qu'agissent tous ceux chez qui la pensée s'est tournée contre sa propre base, le hasard du moi. Dès lors, les plus malins, ceux qui se sont démontés eux-mêmes comme il faut, comprennent ce qu'est leur morceau préféré, leur très cher moi. Toutes les figures dissimulent le vide — il s'empare des formes, il s'empare des fictions. Le théâtre de mes qualités, mon image du monde, mon engagement — le vide engloutit ce type de structures comme si ce n'était rien du tout. Toutes les tentatives visant à bâtir un moi stable à partir du social mènent à une position soit inauthentique, soit ridicule. Le postmoderne est d'ailleurs une entreprise visant à réhabiliter ce ridicule face à ceux qui s'en moquent trop facilement. Mais en premier et en dernier lieu, il y a le vide, et cela, on peut le savoir, et il est possible qu'on doive aussi le savoir. Du point de vue de l'histoire de l'art, cela rappelle le tristement fameux *Carré noir* que Malevitch a distillé en guise d'ultime forme de réduction, pour ce qui concernait le monde des images. Pareil monstre noir constitue la toile de fond de la psyché. En d'autres termes : l'âme qui mène des expériences sur elle-même, qui se décompose en ses ultimes particules, se découvre elle-même comme un néant réel ; elle est une sorte de monochrome, une surface indifférente — la surface en soi, la page vide dans le livre intérieur. Ce fond pur peut être rond — Malevitch a aussi montré des formes rondes du noir pur —, il peut être carré, triangulaire, il peut avoir autant de côtés qu'il veut, ou être totalement informe : le seul point décisif est que ce monochrome interne ne montre *rien*, qu'il est un écran vide. C'est un noir vide, rond ou carré, et c'est moi, ou plutôt le moi devant le moi, un simple fond sans figure, un écran sans texte. Voici ma thèse : la culture expérimentale ne peut rien produire d'autre que cette position finale quasi bouddhiste — toute profondeur est surface, tout contenu est forme. Le bouddhisme *made in Germany*... C'est précisément ce que

l'on peut savoir depuis les années 20 de ce siècle, et c'est pour cette raison que...

C. O. : Pourquoi justement depuis cette
date ?

P. S. : Parce que les pionniers parmi les
expérimentateurs, les membres de la génération expressionniste, de la génération cons-
tructiviste, etc., avaient à cette époque atteint
la fin de l'analyse. Le modernisme radical
commence effectivement à l'instant où il veut
aller au terme de ses possibilités analytiques
et constructives ; il a une pensée eschatologi-
que, millénariste, puriste — bref : radicale. Il
vise des états finaux au-delà desquels on ne
peut plus aller. Depuis les années 20, on pouvait donc savoir, sur le principe, jusqu'où
allait le modernisme. Boris Groys a expliqué
cela brillamment dans ses travaux sur
l'avant-gardisme russe — notamment dans
son livre sur Staline considéré comme une
œuvre d'art totale[1]. Mais l'extrémisme n'a
qu'un temps. Ensuite, ce sont les révisions et
les compromis. Dans cette mesure, ce n'est
pas faire une digression culturelle oisive dans
l'histoire de l'art que de rappeler que dès les
années 20, dans les arts, il y a eu un grand
retour en arrière : de nouveaux classicismes
sont apparus, l'ornementation, l'ironie, la
conciliation, les nouveaux mythes, le figura-
tif — tout ce que l'on appelle aujourd'hui le
postmoderne ne propose rien qui n'ait déjà
été expérimenté à cette époque. Cela ne peut

1. Boris Groys, *Staline, œuvre d'art totale,* trad.
d'Édith Lalliard, Éditions Jacqueline Chambon, 1990.
(N.d.T.)

apparaître que dans un contexte où l'on est arrivé à l'abstraction complète, où le détachement nihiliste a abouti à la pure formalisation. Ce retour du radicalisme montre que la culture est une manière de se remettre de la terreur — tout radicalisme a quelque chose de terroriste, et la culture est toujours une culture d'après la terreur. C'est seulement lorsque le mythe analytique est arrivé à son terme que se développe un savoir contraignant sur la possibilité d'apprécier la figure, la silhouette, la forme de vie, les jeux de langage locaux, c'est-à-dire tout ce dont est composée la vie concrète, même si l'on peut porter sa pensée à un point situé infiniment au-delà et si l'on a reconnu que tout ce qui était construit pouvait être déconstruit. La réduction terroriste est utile pour éveiller une conscience de la fragilité des formes de vie positives sur l'arrière-plan nihiliste. À la fin des années 20, il me semble que ces éléments ont été définitivement acquis et compris. Je pense à cette chose inouïe, la phénoménologie de l'ennui chez Heidegger, je pense à l'expérience de la décomposition de la forme chez Gottfried Benn et à sa descente dans les mers primitives, à la fameuse « indifférence créative » de Friedländer-Mynona — à son époque, c'était un must —, au jeune Wittgenstein et à l'élément mystique « qui se montre », et à mille autres choses que l'on aurait pu savoir, au plus tard, vers 1930. Aujourd'hui, ces motifs sont popularisés par les arts, *high and low*, comme la dernière religion de la modernité.

II

Derniers hommes et anges vides

C. O. : Tes explications commencent à me séduire. Elles délimitent le cadre de l'histoire des idées et des théories au sein duquel le culte de l'individuel a pu arriver au pouvoir. Je lancerais volontiers une deuxième piste, qui pourrait compléter ce que tu as dit jusqu'ici. Ne devrions-nous pas passer du niveau de l'histoire des idées à celui de la psychologie sociale pour expliquer le développement de cet individualisme qui caractérise aujourd'hui les grandes villes ? Je pense surtout au phénomène d'actualité que constitue la culture du *single*. Dans son vocabulaire de base (juste sous le titre de la rubrique, l'individualisation), on trouve des concepts comme le narcissisme, l'ego, le culte du soi, l'orientation vers le vécu, le contact par la superficie... Comment pourrais-tu concilier les réflexions de tout à l'heure avec ces phénomènes ?

P. S. : D'abord en me référant aux statistiques. Je vais répondre à ta suggestion et dire quelques mots sur ce que nous apprennent les études démographiques à propos des courants les plus récents en matière de modes de vie dans les grandes cités. Il existe des villes comme New York, Paris, Munich et d'autres, dont l'image est typique des courants de l'ensemble de l'hémisphère occidental. Depuis les années 80, on compte entre 50 p. 100 et 60 p. 100 d'habitants qui vivent seuls dans ces villes ! Lorsque l'on a une culture philosophique, on ne peut pas, dans ce contexte, ne pas penser aux paroles de Nietzsche sur le « dernier homme ». Mais je relève un élément ironique : même Nietzsche, alors qu'il voulait dire quelque chose de fabuleusement important, a été forcé de sous-estimer sa propre remarque, incapable qu'il était de deviner quelle importance allait prendre en l'espace d'un siècle son idée du dernier homme. Nietzsche voulait offenser le petit bourgeois des derniers jours, l'éternel philistin avec ses pitoyables excursions vers les cimes — une provocation qui repose sur la conviction élitaire que la joie de vivre des gens insignifiants est toujours une bassesse. Aujourd'hui, où que tu regardes, tu vois apparaître de tout autres espèces de « derniers hommes ». Chez eux, les provocations de Nietzsche tombent à plat. Le type du « dernier homme » auquel je pense (qui a du reste eu sa préfiguration dans les mouvements mystiques du XIIIe siècle et s'est manifesté pour la première fois au XIVe siècle comme phénomène de masse) est aujourd'hui en passe de devenir majoritaire. Le « dernier homme », c'est le consommateur mystique, l'utilisateur intégral du monde — c'est-à-dire un individu qui ne se reproduit

26

pas, mais jouit de lui-même comme d'un état final de l'évolution. Ce type humain peuple aujourd'hui les grandes villes du monde moderne. On voit ainsi apparaître une sorte de *devotio postmoderna,* je veux dire : de recueillement de l'individu face à lui-même. Dans la perspective de l'histoire des religions, on pourrait considérer les cultes actuels du moi comme un écho de la *devotio moderna* des XIVe et XVe siècles — c'était une sorte de mystique bourgeoise pré-protestante dans les villes commerçantes du nord-ouest de l'Europe. Dans un cas comme dans l'autre, il s'agit d'égoïstes généreux qui éprouvent un ravissement religieux à l'idée de leur propre existence. Ils se prennent pour des juniors-partenaires de Dieu et sont secrètement persuadés que c'est d'eux que parlait en réalité l'ange de Noël. Toutes sortes de vocations apparaissent ainsi dans une population laïque, des vocations à une vie de panthéiste isolé. Des vocations à mener une existence quasi monacale, extatique, jouissant d'elle-même, dans laquelle l'individu, consommateur final de sa chance existentielle, flâne sur les boulevards, traîne dans son appartement avec de l'eau minérale et de l'Ecstasy, et laisse ses yeux tournicoter dans un carnaval permanent des images. C'est cela, le type du *single* proclamé. Il me semble qu'on voit ici entrer en scène, sous des oripeaux laïcs, un type humain que nous avons parfois rencontré dans l'histoire des religions.

C. O. : N'est-ce pas en faire une interprétation trop positive ? De nouvelles dimensions de la déshumanisation n'émergent-elles pas aussi, de nouveaux invités inquiétants ne se mélangent-ils pas aux acteurs de cette *party* de suicidaires ? Ce qui prend la parole ici, n'est-ce pas ce qu'il y a de monstrueux dans notre propre ego ?

P. S. : Peut-être. Je sais bien que tous les *singles* ne sont pas des mystiques informels ou des égoïstes généreux. Le *single* proclamé que je décris est une valeur limite d'un phénomène involontaire. Mais ce qui m'importe, c'est de brosser les grands traits de ce type humain, pour que l'on voie de quoi il s'agit. Je pense d'abord à celui qui mène sa vie en solitaire comme s'il s'agissait d'une philosophie de l'existence, qui est en quelque sorte le moine d'une incrédulité, l'incrédulité à l'égard des liens sociaux. Celui-là ne met qu'un seul axiome en pratique : les jouissances de l'instant sont effectivement des jouissances de l'instant. Le *single*, c'est le moine vide, le Carré noir sur deux jambes. Il veut être libre, et c'est la raison pour laquelle il opte en faveur de l'absence de conséquences dans tout ce qu'il vit. Mais il veut continuer à vivre, et il opte donc pour la poursuite de l'expérience. Ces deux options doivent être équilibrées — la conséquence dans l'inconséquence ou la continuité dans la succession de points d'expérience discontinus. On pourrait faire débuter ici une éthique postmoderne. Je donne à ce type des traits volontairement tranchés, sans oublier que de telles exagérations sont précaires. Je rappelle comment, sous la République de Weimar, on a découvert en littérature le thème aujourd'hui si séduisant du nomade : à l'époque, d'innombrables hommes de lettres ont décrit le type du voyageur sans logis, sans abri, vivant seul, le trimardeur, le globe-trotter, le solitaire, le vagabond. Pensez au *Loup des steppes* de Hermann Hesse, et à ses collègues. Eh bien, tous ces loups ont été abstraits et extraits du fait qu'après 1918 et dans la grande crise de 1923, il y a eu sur le territoire du Reich allemand des millions de sans-abri. Sur le lot, seule une minuscule minorité était composée de vagabonds urbains et ruraux proclamés, mais ces quelques individus, ou plus exactement ceux qui les représentaient dans la littérature, ont créé cette stylisation et célébré leur désarroi comme une existence de néo-nomade. Entre parenthèses, il me semble qu'il n'existe aucun sujet des années 80 et 90 qui n'ait déjà été esquissé dans les années 20, à l'exception des médias électroniques qui apportent effectivement *la* nouveauté du dernier tiers du siècle. Mais nous en reparlerons certainement. Bref, l'allusion au type du *single* proclamé était censée montrer ce qui constitue le phénomène de pointe de toute l'évolution : le contemporain typique, c'est le « dernier homme » volontaire qui parodie le monachisme. Ce que l'on avait à apprendre dans le fait de se retrouver seul avec Dieu, on le transpose aujourd'hui à l'existence dans les grandes villes, une vie en solitaire avec un néant meublé...

C. O. : Une formule épatante...

P. S. : Mais tu as raison, on n'a pas le droit d'exprimer cela en termes uniquement positifs. Il existe une incommensurable histoire des souffrances de la modernisation. Sur ces 50 p. 100 ou 60 p. 100 de personnes vivant seules dans les grandes villes, celles que j'ai mentionnées tout à l'heure, on trouve un bon tiers de gens d'un certain âge qui ont perdu leur compagnon et qui ne peuvent ou ne veulent pas en retrouver d'autre. Ces personnes-là ont tout loisir de constater que la vie est une procédure d'imprégnation irréversible, une longue marche vers l'entêtement au singulier, vers la solitude.

La vie travaille sur nous comme un serrurier travaillerait à une clef beaucoup trop compliquée : chaque année, on y ajoute quelques nouvelles dents discrètes et perfides — lorsque le compagnon de ta vie disparaît, tu n'as plus de clef de rechange pour remplacer cette créature parfaitement rodée qui avait vécu vingt ou quarante ans auprès de toi et qui était capable de t'ouvrir. Une clef comme celle-là n'est pas reproductible, elle ne peut plus qu'être absente. Pour beaucoup de personnes âgées, la solitude est la conséquence inéluctable d'événements biographiques individualisants et irréversibles. Mais cela se répand aussi de plus en plus chez les jeunes. Eux non plus ne peuvent pas faire reproduire leurs partenaires chez *Mister Minute*. Regarde autour de toi : à l'âge de vingt ou vingt-cinq ans, la probabilité de rencontrer quelqu'un qui a lu les mêmes livres que toi ou qui aime les mêmes morceaux de musique, les mêmes lieux de vacances, les mêmes films, est presque infime.

C. O. : Il me semble que tu parles à présent de ce que l'on a décrit jadis comme l'atomisation de la société.

P. S. : Oui, l'atomisation, bien que... si l'on y réfléchit bien, cette notion ne convient plus ici, parce qu'elle invoque une phase dépassée des sciences naturelles. Il faudrait plutôt parler d'une neutronisation de la société. En physique, nous n'en sommes plus aux atomes, nous en sommes aux particules élémentaires, et nous avons ainsi, au niveau de l'analyse, parcouru un bon bout de chemin vers la profondeur. Les combinaisons de particules élémentaires peuvent encore être beaucoup plus individuelles, et dans toute biographie — on le voit clairement aujourd'hui —, les chemins vers cette singularité commencent très tôt, les enfants, déjà, s'habillent de vêtements chics et gueulards, de vrais petits rois de la mode. C'est du reste sur cette réflexion que nous avions commencé notre entretien : la prise de conscience de l'individualité, voilà le véritable individualisme. Cela ne signifie pas que les individus, dès leur code génétique, représentent des structures d'évolution fabuleusement invraisemblables, dont il n'existe pas deux exemplaires identiques ; ce n'est pas de cet individualisme-là qu'il est question ici. Je parle de l'apparition dans ces corps singuliers d'un esprit singulier, d'un ego qui pressent quelque chose de son unicité. La modernité épuise l'individualisme objectif des gènes comme rapport subjectif et réflexif, et tente de déterminer ce que signifie habiter cet abîme de singularité — en tant que moi en éveil, volontaire, menant des expériences.

C. O. : Avant que nous ne poursuivions notre diagnostic sur notre époque et que nous n'évoquions la transformation de notre rapport à nous-mêmes, de notre compréhension de nous-mêmes, je voudrais te proposer de commenter les conséquences psychologiques de cette évolution que tu as décrite de manière très expressive. Je pense surtout ici à des phénomènes comme la solitude, l'isolement, les névroses de l'éloignement ; c'est-à-dire à « l'autisme ontologique » d'origine socio-psychologique. Tu viens de dire qu'au moins la moitié de la population des grandes villes vit en solitaire ; mais ce sont aussi, parfois, des « solitaires séquentiels » qui vivent seuls pendant une partie de leur vie pour reprendre ensuite un autre projet de vie avec un autre partenaire. Les sociologues emploient pour ce phénomène le terme de « polygamie successive », qui provoque immédiatement un tas de problèmes subséquents, par exemple ce chaos dans la descendance, etc. Suppose que tu doives jouer un Nietzsche de la fin du XXe siècle, ou bien un mélange de Nietzsche et d'un Spengler de gauche : comment estimerais-tu les conséquences à long terme de ces évolutions, dont certains analystes affirment, avec de bonnes raisons ce me semble, qu'elles sont dévastatrices ?

P. S. : Je proposerais d'abord de mettre entre guillemets le terme « dévastatrices » : en l'employant, nous créons des peurs qui nous rendent extrêmement suspects. C'est souvent ainsi que procèdent les intellectuels lorsqu'ils se livrent à la critique culturelle : ils sèment la peur et en récoltent ensuite les conséquences — ce sont des profiteurs de la crise, les prêtres d'une époque névrosée, et c'est précisément ce que je ne voudrais pas être. Je ne veux pas lancer des courants d'opinion ténébreux pour les exploiter ensuite moi-même. Je n'aime pas l'alarmisme et je prône l'abstinence à l'égard de ce type de critique culturelle. Peut-être le phénomène qui nous intéresse ici ne s'est-il pas encore montré tel qu'il est ? La réalité des choses, on ne peut sans doute la discerner qu'au terme de cinq ou dix générations d'observations conscientes et cohérentes, disons dans deux cent cinquante ans, qui sait ? Il est possible que nous commencions à crier beaucoup trop tôt. Peut-être l'individualisme dans son ensemble constitue-t-il tout de même une tendance salvatrice de l'évolution qui, à une époque ultérieure, paraîtra inéluctable et logique, et ne ressemblera pas du tout à ce chemin vers la catastrophe que nous soupçonnons aujourd'hui. Je voudrais laisser cette possibilité ouverte, et c'est la raison pour laquelle je ne souscrirai pas *a priori* au terme « dévastatrices », même si je comprends bien ce que tu veux dire. Il est aussi possible que dans cinquante ans, le mot « dévastateur » soit déjà devenu un euphémisme. À l'inverse, il est possible que si nous utilisons à présent cette expression dans un sens naïf, nous nous retrouvions plus tard comme des gens de peu de foi, emportés malgré nous dans un grand processus devant lequel nous avons adopté un mode de pensée trop étroit. Peut-être sommes-nous seulement trop timides pour penser un saut dans l'évolution. Bref, conséquences dévastatrices ou non, je préférerais ne pas trancher pour l'instant. Mais il y a malgré tout une réponse à ta question.

Le fait est que les gens qui grandissent sous un régime individualiste subissent une sorte de déshéritage intégral — c'est un terme que j'emploie depuis quelque temps, parce que l'on en a besoin pour décrire cette manière étrange dont les jeunes générations se détachent en un bond de leurs parents. Ce genre de chose ne se rencontre dans aucune forme de civilisation antérieure. Aujourd'hui, on ne devient plus du tout adulte comme cela se passait dans les sociétés traditionnelles : le fait de descendre d'une lignée d'aïeux et d'hériter de cette lignée, avec sa langue, ses qualités, sa place dans l'être et ses objectifs existentiels. On hérite de l'horizon tout entier et, au sein de cet horizon, d'un monde complet. Nous sommes aujourd'hui monstrueusement éloignés de ce type de rapports. Dans une société qui pratique l'expérimentation, on ne devient pas adulte sans franchir un processus de déshéritage. Cela explique pourquoi l'idée du devenir-adulte, en tant que telle, est devenue plus floue. Il n'y a plus d'« aïeux », plus d'ancêtres pour te transmettre par testament un moule complet du monde et de l'existence. On succède à des gens qui, déjà, étaient dans le brouillard. Ils n'ont pas grand-chose à te transmettre, à part des névroses et des comptes en banque ; ce sont nos valeurs résiduelles. Le reste, ce sont des feuilles jaunies, de vagues programmes qui étaient de peu d'utilité, déjà du temps de nos parents. Quand quelqu'un hérite, aujourd'hui, on ne demande plus de quoi, mais de combien. Cela aussi, c'est un symptôme du processus de déshéritage. Recevoir des millions en héritage, c'est quelque chose qui n'arrive qu'à des gens très pauvres — je veux dire : des déshérités spirituels, des déshérités de la forme de vie, des gens auxquels, en même temps que leurs millions, on transmet la question énigmatique de la manière dont ils doivent vivre, une question à laquelle l'héritier n'a le plus souvent aucune réponse. La probabilité qu'il la trouve au fil de sa vie est réduite. Sa vie sera une expérience consistant à chercher une existence qui aurait pu être une bonne si l'on avait reçu la forme de vie en même temps que les moyens de vivre.

Mais la perte de l'héritage n'est que le commencement. S'y ajoute, au niveau spirituel, le désenchantement, l'hébétude, et cela va beaucoup plus loin. Beaucoup de personnes perdent et oublient leurs qualités de médiateurs. Ces gens-là deviennent de maussades consommateurs finaux de biens et d'informations. Et les consommateurs finaux sont toujours proches des cloaques.

C. O. : Que veux-tu dire lorsque tu parles des qualités de médiateur de l'être humain ?

P. S. : On néglige si facilement aujourd'hui le fait que les êtres humains sont des médias primaires — les appareils, dans un premier temps, ne font que s'ajouter, comme des amplificateurs, aux qualités médiatiques des êtres humains. En tant que médias, les hommes sont toujours des messagers — c'est-à-dire des hommes entre les hommes, des intermédiaires. Ils informent d'autres hommes de quelque chose dont ils ont eux-mêmes été informés. De telles transmissions ou commissions recèlent tout le processus de l'humanité. C'est la raison pour laquelle les hommes sont tous des messagers potentiels, en grec des *angeloi*, des anges, ceux qui apportent des informations sur l'état des choses — mais dire quelque chose de ce type est proscrit dans la théorie dominante des médias, qui s'est lancée dans une célébration démentielle des images et des appareils. Les seuls à utiliser encore le concept de « médium » pour l'être humain, ce sont malheureusement les occultistes. Ce qui, à bien y regarder, est un scandale théorique. Partout où l'on parle de médias, on pense aux appareils et aux programmes. Cela illustre une évolution problématique, et c'est l'indice de réifications à grande échelle. Bref, si le mot « dévastateur » devait un jour se révéler être le bon, c'est surtout parce que ces phénomènes de désenchantement sont effectivement menaçants. Des gens que l'on prive massivement de leurs qualités de médiateurs — au moyen, justement, de ce que l'on appelle les médias — développent les caractéristiques du « dernier homme », au mauvais sens du terme. Nous sommes en train de vivre une grande agonie des anges en nous — les derniers anges sont des anges vides, des non-messagers, des hommes neutres. Comprends-moi bien, je ne pense pas ici au « dernier homme » du prologue de Zarathoustra, celui qui a son petit plaisir pour le jour, son petit plaisir pour la nuit, et qui a inventé le bonheur. Le dernier homme actuel est un homme qui n'a plus rien à opposer au malheur. L'hébétude est un état qui force l'homme à se réfugier dans le vécu, dans l'amusement, dans l'actualité, parce que ce sont les seules formes actuelles permettant de donner par la force quelque chose comme du sens. Pour les déshérités et les hébétés, il n'existe pas de mission, pas de transmission, pas de message à apporter, n'est-ce pas ? L'individu individualiste est un légat, mais pas un légat habile (*ein Gesand-*

ter, aber kein Geschickter : un fameux jeu de mots de Bismarck, tu le connaissais ?). L'individu est tout simplement l'homme sans mission, le non-messager. Il constitue une sorte de produit semi-fini, c'est-à-dire, d'ailleurs, précisément ce que l'éducation humaine veut faire de la créature humaine : des produits semi-finis qui doivent achever eux-mêmes leur évolution vers le produit fini utilisable — ce que personne, ou presque, ne parvient à faire. C'est Sartre qui a fourni l'idéologie de ce phénomène, lorsqu'il dit que l'important est de faire quelque chose de ce que l'on a fait de nous.

Dans les *Journaux* de Franz Kafka, qui remontent à l'époque de la Première Guerre mondiale, il y a un passage qui est entré dans les fameuses « considérations sur les péchés, la souffrance, l'espoir et le vrai chemin » — Max Brod les a éditées en puisant dans les écrits posthumes de Kafka. Voici le texte [1] :

> *On les a placés devant cette alternative : devenir des rois ou les courriers des rois. À la manière des enfants, ils voulurent tous être courriers. C'est pourquoi il n'y a que des courriers, ils courent le monde et comme il n'y a pas de rois, se crient les uns aux autres des nouvelles devenues absurdes. Ils mettraient volontiers fin à leur misérable existence, mais*

1. Dans l'édition intégrale Kafka, *Gesammelte Werke in zwölf Bänden*, ce passage figure dans le volume 6, *Beim Bau der chinesischen Mauer und andere Schriften aus dem Nachlass*, édité par H.-G. Koch, Fischer Taschenbuchverlag, 1994. Dans l'édition de Gallimard, collection « Bibliothèque de la Pléiade », ce texte est réintégré dans les *Journaux,* à la date du 2 décembre 1917, dans une traduction de Marthe Robert, p. 454, à laquelle est emprunté ce passage. (N.d.T.)

ils ne l'osent pas, à cause du serment de fidélité.

Je ne connais pas de meilleure théorie du sujet hébété — ni du reste de description plus perspicace du journalisme moderne. C'est un fait, ceux qui apportent les messages tournent à toute vitesse dans le vide, sans posséder ce qu'ils ont à dire. Les courriers puérils, c'est nous tous, les prétendus auteurs. Nous n'avons personne derrière nous, aucun roi dont la parole, faisant autorité, donnerait un sens à notre mission. Où est donc l'émetteur ? Qui parle au juste ? Ce sont les véritables questions modernes. Kafka a vu l'essentiel : nous sommes des anges sans maître. La crise de l'intelligentsia contemporaine s'exprime dans cette perplexité : nous devons faire des commissions dont l'unique nécessité jaillit de leur propre cours et de leur propre progression, sans que nous ayons à restituer les ordres d'un roi ou les signes d'un dieu, sans que nous portions les paroles du pouvoir et de la maîtrise depuis un centre vers la périphérie. Autant de réflexions dont j'ignore si elles auraient plu à Nietzsche ou à Spengler. Je crains que nous ne devions nous en sortir sans l'assentiment de ces messieurs.

III

Un monde sans distances

C. O. : D'accord. Je comprends : j'ai introduit en douce un jugement moral et j'ai fait une extrapolation à partir de quelques aspects problématiques de la chose pour la condamner dans son ensemble. Nous devrions vraiment nous attarder sur le diagnostic et, autant que possible, le faire avancer. Deux points clefs à ce propos : qu'en est-il des transformations de notre rapport avec l'espace et le temps ? Il existe des théoriciens comme Paul Virilio (chez qui, cependant, l'aspect moralisateur n'est pas absent, c'est le moins qu'on puisse dire) qui affirment que notre évolution nous mène à la perte culturelle de nous-mêmes. Virilio, tu le sais, parle d'une pollution dromosphérique, c'est-à-dire d'une destruction de l'environnement par accroissement de la vitesse. On pourrait peut-être le rejoindre sur ce point, au moins lorsque la force descriptive de son analyse permet une approbation. Lorsque Virilio, par exemple, évoque la perte de la distance comme conséquence de la nouvelle communication de masse, une perte provoquée non seulement par les médias de l'image, mais aussi par l'avion, le fax, le téléphone, etc. La catastrophe serait alors la présence simultanée de toute chose, et le fait que, comme l'estime Baudrillard, toutes nos utopies ont déjà été réalisées. Et nous tournons à présent en rond, saturés jusqu'à la mort, entourés de rêves devenus réalité ; et l'espace, ajoute Virilio, se rétrécit jusqu'à ne plus former qu'un point collant — c'est dans ce point-là que nous logeons, comme si nous partagions un appartement avec des spectres. C'est la raison pour laquelle, selon lui, nous éprouvons un sentiment de perte du monde qui est aussi une perte de soi. Que penses-tu de ce diagnostic-là ? En quoi notre rapport à l'espace, à la nature interne et externe, s'est-il transformé ?

P. S. : Eh bien, cinq siècles se sont écoulés depuis le voyage de Christophe Colomb, notre révolution de l'espace a aujourd'hui atteint les villages de montagne. Mais il est un élément que nous ne devons pas oublier : nous parlons à présent en tant qu'Européens, uniquement en tant qu'Européens, et par-dessus le marché en tant que personnes qui tourneront prochainement, sur leur calendrier, la page de l'an 2000. Je reviendrai plus tard sur la question du temps. Pour ce qui concerne Virilio, il me semble reconnaître dans la quasi-totalité de ses propos la voix d'un chrétien critique qui ne supporte plus les conséquences du christianisme. Et de cette manière...

C. O. : Attends, pas si vite. Il faut que tu expliques cela plus précisément. L'expression est beaucoup trop fine, beaucoup trop jolie et beaucoup trop surprenante pour qu'on ne s'y arrête pas.

P. S. : Je ne sais pas si elle est si jolie que cela, Carlos. Voilà comment je vois les choses : la plupart des transformations de notre conscience de l'espace remontent aux périodes d'expansion de l'Europe, dans l'ère qui a suivi Christophe Colomb. Et la mission christo-catholique a été l'un des facteurs essentiels de ces expansions. Je me rappelle qu'il y a quelques mois, alors que j'étais en tournée de lecture au Brésil, j'ai vu dans une église une sculpture de saint François, la face tournée vers le Christ, mais le pied posé sur le globe. J'ai vu ce personnage dans l'église franciscaine de Salvador da Bahia, un bâtiment monstrueux dont l'intérieur est intégralement recouvert d'or, un show multimédia baroque au cœur de la vieille ville noire, un lieu triomphal, pervers, une incarnation du catholicisme des temps modernes. Lorsqu'on a vu le globe sous le pied de saint François, on ne peut plus prendre au sérieux, sans autre forme de procès, le discours courant sur la globalisation. La plupart de ceux qui utilisent ce terme ne se sont pas donné la peine de reconstituer l'histoire du globe réel. Le globe a une très vieille tradition, elle remonte au Moyen Âge arabe, et même à l'Antiquité. Les globes ont été les médias par lesquels les hommes qui exerçaient le pouvoir se représentaient la forme du cosmos et de la terre. Celui qui a du pouvoir doit savoir à quoi ressemble ce sur quoi il veut régner.

41

Le premier véritable mondialiste a toujours été le pape ; aujourd'hui encore, pour Pâques, il utilise pour saluer la foule ce beau double datif, *urbi et orbi*. Pour lui, le monde est ce que l'on voit depuis Rome lorsqu'on laisse son regard se promener depuis les collines qui dominent la région, tout autour de la sphère de l'étant — une optique orbitale. Lorsqu'on est capable d'avoir ce regard-là, on est *eo ipso* Pontifex maximus — c'est du reste un titre que portait déjà Jules César. Bref, même les papes actuels héritent encore de l'impérialisme panoptique des Césars, y compris lorsqu'ils bénissent les masses à la télévision. Accessoirement, il faut dire qu'un pape, à la télévision, voit moins qu'il n'est vu, et devient ainsi un VIP parmi d'autres. Le « globalisme », c'est-à-dire le fait de rassembler l'espace terrestre sur une sphère qui se trouve sur ma table de travail, est un européisme qui plonge ses racines dans les profondeurs de l'histoire, et Rome est son foyer ; le Vatican a été la première centrale de réception des nouvelles provenant de tout le monde évangélisé. C'est la raison pour laquelle le Vatican est le premier coin de l'univers touché par la pollution dromologique : c'est en lui que l'implosion a commencé. Le pape moderne est le premier auquel cette totale absence de distance devrait inspirer de l'écœurement, mais il n'est pas autorisé à montrer sa répugnance, il doit bénir avant d'être écœuré. Virilio, lui, n'est pas obligé de le faire, il peut exprimer son écœurement, heureusement pour lui. Baudrillard en a peut-être aussi le droit.

C. O. : Ces derniers temps, j'ai eu des entretiens approfondis avec Virilio et Baudrillard, et j'ai pu noter combien les positions de ces deux théoriciens de la vitesse divergeaient désormais.

P. S. : C'est possible. Entre-temps, le globe, la mappemonde que l'on exposait au fumoir, est devenu un écran de cinéma ; et sur cet écran aussi, le monde est contracté. Par conséquent, toute personne disposant d'un téléviseur peut s'écœurer de tout. Les intellectuels catholiques, comme Virilio, feraient bien de prendre conscience du fait que leur religion est elle aussi en jeu lorsqu'ils ressentent le grand écœurement de la globalisation — ce monde gluant, sans distances, les informations rapides qui affluent de partout, les misères de tous les pays arrivant en temps réel dans nos appartements. Ce que dit Virilio me paraît être une conséquence des entropies romaines. Les moines de Rome voulaient dépasser ce monde, eh bien ! ils y sont parvenus. Le dépassement du monde à la grecque a d'abord produit un retour dans le désert ; à la romaine, il a engendré le tour du monde. Virilio se plaint à juste titre que la télécommunication réduise l'espace — mais la télécommunication, c'est l'essence même du catholicisme, n'est-ce pas ? C'est l'esprit de Rome en action, tous les canaux de l'information ont commencé par mener à Rome. Je pourrais facilement m'imaginer que Virilio, ici, a projeté sur la modernité dans son ensemble un mystère catholique refoulé. Cela dit, nous en sommes arrivés au point où l'on est autorisé — pas seulement les conservateurs — à se poser cette question : que nous apporte la contraction du monde induite par le panopticisme catholique et par les informations capitalistes sur le monde ? À la suite de ce discours *morose*[1] que tous les critiques de la civilisation ressassent un peu partout...

1. En français dans le texte. *(N.d.T.)*

IV

Théorie heureuse et théorie moderne

C. O. : Pardon, ce quoi ?

P. S. : ...Ce discours *morose*... Un beau mot étranger, n'est-ce pas ? Ce discours grognon, tous ceux qui se plaignent du fait qu'avoir une vue large ne rend plus heureux...

C. O. : Ne rend *plus* ? Quand donc le fait d'avoir une large vue a-t-il rendu qui que ce soit heureux ?

P. S. : Je pense que nous devons tout de même nous attarder un instant, à présent, sur la philosophie classique, et ne pas parler seulement du diagnostic sur notre époque. Tu demandes quand les vues larges ont rendu heureux ou promis le bonheur ? La réponse est évidente : elles l'ont promis à l'époque de cette théorie des dieux que nous connaissons sous le pseudonyme de philosophie. La théorie était une affaire splendide lorsqu'existait la distance qui rend toute chose belle. Lorsqu'on se trouve sur l'Olympe, on est jovial spontanément, n'est-ce pas ? La théorie et la circonspection : voilà ce qui rend heureux. Cela, les temps modernes l'ont oublié, parce que le seul point commun entre l'idée moderne de la théorie et l'idée qu'en avait l'Antiquité, c'est le nom. Mais au fond, le même nom désigne deux réalités opposées. La théorie moderne signifie en effet le travail du concept, tandis que la théorie antique signifie la vision, c'est-à-dire les vacances du concept. Grand panorama, libre vol des âmes, le monde tout entier comme un petit bonjour sur une carte postale. Il me semble qu'aujourd'hui, n'importe quel vacancier connaît mieux tout cela que ces messieurs, les agrégés des idées mortes. La théorie antique est une plongée dans de vastes perspectives. Le ciel au-dessus des Sporades, l'archipel des choses se détachant sur un horizon brillant. La pensée s'y ajoute, et l'on commence à s'étonner de pouvoir tout trouver si grand, si joliment achevé, sans que nous y ayons contribué. L'âme s'étend, elle devient tout œil et contemplation du monde, « demeure donc, tu es si beau ». Ce sont de tels moments, je n'en démords pas, que vivait jadis la théorie heureuse, qui était une sorte de détente en profondeur de l'intellect. Pour moi, cela reste un sujet important, bien qu'il soit absolument hors de saison. Mais je suis certain qu'on ne comprendra jamais ce qu'a été un jour la philosophie et ce qu'elle a voulu dans ses meilleurs moments si l'on ne connaît pas ou si l'on ne reconnaît pas ce bonheur des vues larges. La pensée philosophique est avant tout une technique du bonheur, les problèmes ne viennent qu'après. C'est la raison pour laquelle cette pensée a débouché sur l'idéalisme qui, au fond, était le synonyme de la grande philosophie. La philosophie était une extase de l'œil du monde — l'étude, l'argumentation, la réflexion servaient de préparatifs avant de s'envoler à l'intérieur de l'œil. L'essentiel, dans la philosophie classique, c'était l'initiation à la jovialité. Et en réalité, nous autres philosophes, si nous faisions encore correctement notre boulot, nous serions des philojoviaux, des amants de Zeus. Mais nous ne sommes pas équipés pour cela.

C. O. : Pour le moment, je ne dirai rien sur ce point. Je pense qu'il vaut mieux que tu t'expliques un peu. Le public te connaît en tant qu'expert de Nietzsche (quelle que soit la signification de ce titre) et sera sans doute surpris d'entendre dans ta bouche un éloge de l'esprit de l'idéalisme.

P. S. : Qu'est-ce que ça signifie, la jovialité ? Comme son nom l'indique, il s'agit d'une qualité du père des dieux, Zeus, ou Jovis. Ce président de l'être habite le belvédère métaphysique. Ce qu'il fait, il le fait du haut vers le bas. Pour lui, agir signifie s'abaisser vers de petites choses, entrer dans les choses aimablement, d'en haut. Il est le dieu de la souveraineté et c'est, à ce titre, le patron des philosophes. Comme tous les Olympiens, Zeus est un dieu de la deuxième génération, le sale travail du combat des Titans relève du passé, à présent il trône et il plane... Les Olympiens trônent par profession, c'est leur mission, ils prouvent qu'être dieu est une activité sédentaire. Ils lancent des escarmouches, ce sont les légers, ils planent, ils n'ont plus rien à prouver, ils vivent sur la rente des combats préhistoriques. Ils représentent une catégorie de carriéristes sortis de l'élémentaire. En tant que dieux à la puissance deux, ce sont les chômeurs suprêmes, les retraités célestes, ils se nourrissent par le nez en inspirant la fumée d'agréables feux sacrificiels. Lorsque l'on peut s'imaginer de telles créatures, on exige inéluctablement de devenir comme eux ; on ne peut imaginer meilleure existence que la leur, *summum bonum*. Mais la pointe de l'histoire est la suivante : seuls les philosophes peuvent s'imaginer un état où l'on vivrait comme Zeus. À l'inverse, cela signifie : seul celui qui peut s'imaginer Zeus tel qu'il est en soi est un philosophe. On ne peut pas s'imaginer Zeus sans convoiter son mode d'existence, car imaginer le meilleur signifie précisément convoiter le meilleur. Ça a commencé comme cela avec nous. Le complexe de Zeus a mis en branle la théorie antique, l'heureuse, celle qui plonge ses matériaux planant dans les âmes lorsqu'elle fait allusion au meilleur, que l'on ne peut pas ne pas désirer.

C. O. : C'est joliment dit.

P. S. : Tant mieux. Je décris de toute façon quelque chose d'inéluctablement perdu, un état d'âme inaccessible aux modernes. Mais je l'affirme : si, aujourd'hui, nous continuions à vouloir présenter la philosophie comme quelque chose qui égaie et élève (en d'autres termes : si nous avions la légèreté d'esprit de vouloir renouveler les promesses édifiantes de la tradition classique), nous ne pourrions le faire qu'en invoquant le facteur jovial. Cela nous mène immédiatement à la question de savoir si la modernité a accès à la jovialité. Peut-on avoir sur le monde moderne une vision semblable à une vision divine ? Pouvons-nous encore penser comme Platon, pouvons-nous encore, comme Hegel, tout entourer avec de grands cercles et les illuminer de perspicacité intellectuelle ? Pouvons-nous continuer à pratiquer la philosophie de l'histoire et à conseiller les sujets de l'évolution ? Pouvons-nous expliquer aux directeurs des multinationales et aux présidents des puissances mondiales ce qu'il faut faire ? À cette question, la majorité des intellectuels contemporains répond résolument par la négative, et à juste titre. Non pas par modestie, mais parce que la qualité de nos visions a totalement changé. À nous autres, penseurs, le présent a réservé une mauvaise découverte ; *nous,* les vues larges ne nous rendent absolument pas heureux : elles sont accablantes. Notre perspective sur la totalité ne produit pas un bonjour de carte postale. Penser au XXe siècle, ce n'est pas observer une totalité du cosmos, mais penser une explosion. C'est la raison pour laquelle il est aujourd'hui impossible aux intellectuels qui philosophent d'être joviaux. Il n'existe pas de théorie contemplative des explosions. On peut chercher les indices, on peut inspecter le lieu de l'accident — le XXe siècle —, on peut remonter vers le passé la chaîne des indices, faire des suppositions sur la manière dont va se poursuivre la catastrophe, sonder les chances d'existence. Mais tout le travail du diagnostic de l'époque consiste exclusivement à faire ce type d'opérations. Elles peuvent être fascinantes, mais elles n'ont rien à voir avec la théorie joviale.

C. O. : Mais notre siècle n'a-t-il pas aussi produit des théories qui ont résisté au malheur général — des théories qui ne quittent pas le bonheur des yeux, au moins comme postulat ou horizon utopique ?

P. S. : Tout à fait, mais ce sont plutôt des variantes de la théorie malheureuse, du type, par exemple, de la science triste d'Adorno. Ou bien ce sont des éthiques qui ont abandonné d'emblée le rêve d'une grande théorie contemplative. La théorie joviale, ne serait-ce que pour des raisons internes, est devenue une impossibilité. Un Zeus actuel qui voudrait, l'après-midi, regarder depuis la terrasse olympienne et observerait la misère du monde... Que ferait-il ? Il tournerait le dos au cosmos. Il ne voudrait plus rien avoir à faire avec lui. Il se replierait dans le monde intermédiaire, il quitterait même l'Olympe, parce qu'on en voit beaucoup trop depuis ce point élevé — il comprendrait qu'aujourd'hui, on peut avoir soit le bonheur, soit la théorie, mais jamais les deux en même temps. Il ferait savoir qu'il est mort. À présent, il suffit de savoir que les intellectuels partagent toujours un petit peu le destin des dieux — c'est ainsi que les intellectuels d'aujourd'hui ont eux aussi rompu avec le projet de la théorie joviale. Les sages antiques pouvaient faire leur réclame en affirmant qu'ils imitaient le dieu et qu'ils participaient de leur mode d'existence, détachés et doués de vues d'ensemble qui les emplissaient de félicité. C'est en cela que consistait l'attrait de la vie théorique dans l'Antiquité. La théorie antique réjouit, la théorie moderne décontenance. À quoi sert alors au juste la théorie moderne ? Existe-t-il des dieux décontenancés ? Une phrase de Cioran me vient à l'esprit. Il dit quelque part que l'unique signe indiquant à coup sûr que quelqu'un a tout compris serait de le voir se mettre à pleurer comme un éperdu.

C. O. : Mais pour ce qui te concerne... Te considères-tu plutôt du côté de la théorie heureuse, ou du côté moderne, avec les décontenancés ?

P. S. : Je veux vraisemblablement l'impossible, la modernité et le bonheur à la fois.

C. O. : Je dois dire que je m'attendais un peu à cette réponse.

P. S. : Vraiment ? Pourquoi ?

C. O. : Parce que parallèlement aux éléments radicalement contemporains, je perçois aussi dans ta pensée des traits qui dépassent ce qui est strictement contemporain : le diagnostic sur notre époque et les questions qui visent l'existentiel ne sont pas, chez toi, deux entités juxtaposées et séparées. Si je puis me livrer un peu au jeu des associations d'idées : Pierre Bourdieu oriente essentiellement sa critique des intellectuels contre les « aristocrates de l'esprit » — il veut ainsi, avant tout, attaquer des personnages comme celui de Sartre. Bourdieu, qui se place ainsi dans une formidable contradiction avec soi-même, reproche à l'intellectuel aristocrate de représenter une caste dépourvue de distance avec elle-même et persuadée d'être la catégorie des élus. Mais bon, ce ne sont peut-être que des associations d'idées marginales...

P. S. : Non, non, cela touche au cœur du problème, parce que la question du caractère élu ou du succès de l'intellectuel public n'est pas une affaire annexe. Les ressentiments de Bourdieu sont naturellement triviaux, mais ils sont symptomatiques de son milieu. Car le phénomène Sartre, qu'il soit ou non aristocratique, demeure incommensurable — on serait forcé de le qualifier de force de la nature s'il n'avait pas été la quintessence de l'hostilité à la nature. C'était un phénomène littéraire élémentaire ; Bourdieu *and Co* ne pouvaient que se frotter les yeux devant ça, Sartre volait au-dessus de leurs têtes comme un objet écrivant non identifié. Avec le recul que nous avons aujourd'hui, Sartre paraît du reste totalement légendaire, une espèce de statue remontant à une époque où la terre était peuplée de héros et de monstres ; on a peine à croire qu'il ait réellement existé. Mais pour moi, il est demeuré un contemporain important, il est mort en 1980, le jour où je suis revenu d'Inde, j'avais trente-trois ans...

C. O. : Nous devrions en parler plus longuement...

P. S. : Plus tard, peut-être... Pour ce qui concerne Sartre : tous disent qu'il a incarné le règne des intellectuels au cours de notre siècle. Ce que l'on ne voit pas, c'est le déchirement qui s'attache à une position de ce type. Il aurait tout aussi bien pu être deuxième homme après De Gaulle, une sorte de super-Malraux de gauche, s'il ne s'était pas aussi mis dans la tête de se camper en tribun populaire et combattant de la liberté, bouffeur de bourgeois et ennemi de tout ordre établi. J'ai beaucoup réfléchi à son propos ces derniers temps, avec une sympathie accrue, après une phase d'aversion manifeste contre lui et toute son époque, ces répugnantes années 40 et 50. J'ai aussi lu, de nouveau et à nouveau, une quantité de textes de lui — notamment parce que j'ai le plaisir de participer à l'édition allemande d'une anthologie de textes de Sartre[1]. J'ai compris que chez Sartre, deux modèles totalement différents d'intellectualité ont coïncidé en une seule et même personne. D'un côté, le philosophe, l'enfant du monde surdoué, le maniaque de l'écriture qui jouit de l'ivresse où le plonge la production constante et de l'adoration quasi féodale que le public voue à son talent ; de l'autre côté, le prophète dénonçant l'injustice, l'altruiste qui accuse les puissants, l'homme qui a fait sienne la cause d'un peuple imaginaire. Si l'on veut, on peut voir ici l'opposition classique entre Athènes et Jérusalem. Sartre, le tribun, l'émancipateur, l'homme révolté, se rattache bien sûr à une tradition juive où l'intellectuel, contrairement au philosophe grec, n'est pas le deuxième homme du pouvoir, mais celui qui s'oppose aux puissances établies : le prophète qui anticipe la chute de Rome et invoque l'avènement futur de la théocratie — dans le

---

1. *Cf. Sartre*, choisi et présenté par Thomas H. Macho, édité par Peter Sloterdijk, Munich, 1995.

cas de Sartre, bien entendu, il s'agit d'une théocratie des sujets, sans dieu. D'un point de vue typologique, ce Sartre-là est un intellectuel messianique ou protestant qui en appelle à la subjectivité de masses qui n'est pas encore trouvée. Il joue ici le souffre-douleur de Dieu, il soulève son fardeau, voyage dans le monde entier, serre des mains ensanglantées, rédige des préfaces — il va même jusqu'à écrire mal lorsqu'il sert la cause du peuple. Mais on n'a pas le droit de se laisser aveugler par cet imago de l'intellectuel engagé. Car si Sartre s'engage, c'est uniquement parce qu'il s'est auparavant dégagé ; s'il assume le fardeau, c'est uniquement parce qu'il est sûr de s'envoler. Bref : il y a toujours, simultanément et auparavant, le Sartre grec, le Sartre gaulois, le génie détaché. Dans cette position, il est le dieu incarné des mots, l'homme qui, de toute sa vie, n'a jamais eu une seule seconde la moindre raison de mettre en doute son statut d'élu. C'est l'homme qui a écrit *Les Mots* et *Saint-Genet,* l'ange glacial de la littérature, le calligraphe, un maître que nul ne réfute. Dans sa fonction grecque, celle du philosophe, Sartre incarnait l'appartenance de l'intellectuel aux puissances positives du monde, avec leurs projets, leurs réformes, leurs révolutions — de là viennent d'ailleurs ses déclarations prosoviétiques qui paraissent aujourd'hui inconcevablement grotesques. Mais au bout du compte, son engagement n'était pas si absurde que cela, il n'avait fait que se tromper de partenaire — un intellectuel français devient un hypocrite lorsqu'il pratique une surinterprétation du despotisme russe. Sartre lui-même ne se sentait pas bien dans ce rôle ;

à la fin, il a rompu avec le Moloch soviétique.

C. O. : Cela me semble une bonne chose, que tu soulignes cette rupture, car les critiques de Sartre, aussi bien les conservateurs libéraux que les poststructuralistes, le jugent aujourd'hui avec plus de légèreté que ne le permet l'honnêteté intellectuelle.

P. S. : C'est exact. S'ils le font avec légèreté, c'est aussi qu'eux-mêmes n'ont pas d'expérience dans le maniement des grands poids et qu'ils n'ont plus aucune idée des enjeux pour lesquels jouaient les grands intellectuels de la première moitié de ce siècle. Il existe un espace où l'esprit et le pouvoir, ou bien l'esprit et le Moloch, sont effectivement étroitement liés l'un à l'autre. Le maître-penseur a besoin d'une base dans ce monde, d'une base qui ait besoin de lui. Il s'appuie sur une puissance séculière qu'il peut conseiller, vanter et blâmer. Penses-tu que les fonctions de Hegel à Berlin relevaient du hasard ? Ou encore le spectacle donné par Schlegel lorsqu'il a été invité dans la Vienne de la fin des Habsbourg ? Ou bien les années d'Attali à l'Élysée ? Le problème, au fond, c'est que sur le sentier gréco-romain, le pouvoir et l'esprit se trouvent dans une corrélation positive, mais qu'ils ont une corrélation négative sur la voie judéo-prophétique. C'est cela, la véritable différence entre la « théorie traditionnelle » et la « théorie critique » — Horkheimer a bien repéré cette différence, mais il l'a présentée complètement de travers, comme si c'était une question relevant de la théorie des sciences, une sorte de querelle entre les méthodes positivistes et dialectiques de l'analyse sociale, ou une autre frasque du même ordre. Le premier chemin a été emprunté par les conseillers des princes et les théoriciens du royaume. Les experts consultants le poursuivent aujourd'hui avec d'autres moyens. L'autre chemin était celui des prophètes, des moralistes, des tribuns du peuple, suivis ces derniers temps par les « corrects » et les fondamentalistes. Ce qu'il y avait de monstrueux, chez Sartre, c'est qu'il pensait pouvoir réunir en lui les deux chemins. Le pauvre Bourdieu n'a pas été le seul à en avoir le vertige... Même des gens doués ont été obligés de se demander ce que l'on pouvait encore faire après Sartre.

V

« *Après la Révolution* » :
dans le tunnel, vers l'an 2000

C. O. : Ce que tu dis me semble remettre
fondamentalement en cause l'idée que les
intellectuels occidentaux se font d'eux-
mêmes, de Sartre à Bourdieu, de Günter
Grass à Habermas. Ils croyaient tout de
même tous qu'ils possédaient ou représentaient personnellement des valeurs, des principes et des vérités qui sont valables en soi et
ont leur propre légitimité — par conséquent,
le travail de l'intellectuel ne serait qu'un
ajout d'essayiste et de journaliste à une vérité
qui existe déjà et qu'ils incarnent ou antici-
pent. Selon le tableau que tu en fais, il faudrait classer les intellectuels classiques dans
la catégorie des prophètes. Ils proclament ce
qu'ils ont à dire, devant les masses, souvent
en dépit de la censure et de la pression du
conformisme, car ils portent un message,
même s'ils camouflent volontiers leur conscience d'en être les vecteurs. Ils expriment
plus qu'une opinion privée, dans le meilleur
des cas, ils ont un message qui se cache sous

le masque de l'opinion privée. Chez toi, je perçois à présent quelque chose de tout à fait différent. On voit se dessiner un contre-modèle à l'activité intellectuelle dans le champ public, mais je ne comprends pas encore tout à fait à quoi cela aboutit. Dans un premier temps, j'observe chez toi quelque chose qui ressemble à un mélange d'implication et d'arrangement avec toi-même, et je perçois aussi quelque chose du même genre chez d'autres intellectuels allemands de la génération intermédiaire. Il existe encore des interventions, çà et là, mais aucune ne respecte un plan magistral, d'ordre moral ou historique. Cela ne tient-il pas, en fin de compte, aux bouleversements politiques de portée historique qui se déroulent à l'Est, à l'apoplexie des systèmes socialistes et des mensonges du socialisme réel ? Pour parler clair : je ne te demande pas de démonter encore une fois le fantasme communiste et sa machine idéologique. Ce qui m'intéresse, c'est de savoir à quoi, après la débâcle du socialisme réel, pourrait bien ressembler une pensée ayant une substance critique et se situant dans la tradition de gauche : une pensée critique qui aide à surmonter l'insuffisance de la génération d'après-guerre des intellectuels de gauche allemands. De mon point de vue, ta réflexion fournit des matériaux pour y parvenir.

P. S. : Il faut d'abord confirmer le diagnostic. Il existe aujourd'hui une grande tyrannie de moins, et l'on a éliminé une servitude qui s'appuyait sur une illusion. Une langue mensongère de moins sur cette terre, cela représente déjà quelque chose. Mais ce n'est bien entendu que la moitié négative de l'information, et tu veux savoir, à juste titre, s'il existe encore aujourd'hui une voie de gauche où la pensée puisse rouler. Je voudrais d'abord déblayer le contexte historique : depuis 1989, au plus tard, les intellectuels ont dû admettre qu'ils n'étaient plus utilisables comme conseillers à la révolution. Je ne veux pas dire par là que nous sommes entrés dans des temps plus calmes, au contraire, les révolutions dans lesquelles nous vivons sont devenues chroniques. Beaucoup d'éléments laissent penser que nous avons quitté l'espace des révolutions politiques pour entrer dans celui des révolutions techniques et mentales — ce qui met obligatoirement fin au rôle classique de l'intellectuel. Le révolutionnaire professionnel d'aujourd'hui, c'est le designer ou le consultant, et ses missions n'ont plus aucun rapport avec l'ancien statut de révolutionnaire professionnel dans le séminaire de philologie et de sociologie. D'une manière générale, et c'est le principal, on ne rencontre plus aujourd'hui ce singulier aussi miraculeux que mythique, ce mot qu'on a tant employé dans le passé : « La Révolution ». Elle a été remplacée par les courants, des courants multiples avec leurs renversements et leurs ramifications — il faut les lancer, les canaliser et les interpréter, ce qui constitue un tout autre travail que l'herméneutique classique de la révolution de gauche. Et là où cette révolution a disparu, se dissipe aussi cette histoire dont les grands intellectuels, de Marx à Marcuse, ont dessiné le plan de base. Cela implique la dissolution de ce cursus central, la fin de cette exploration mystique au cœur du temps présent, où l'on doit tout comprendre afin d'être prêt pour le jour où tout basculera. J'ai gardé de cette époque un souvenir très vif : cet apprentissage enchanté au profit d'une révolution, cette préparation d'une sorte de baccalauréat enchanté du genre humain. Lorsque j'ai commencé mes études, en 1967, il y avait dans l'air un peu de l'Avent de la Révolution, j'étais excité, empli par le pressentiment que de grandes choses allaient arriver — j'étais en cela semblable à la plupart de ceux qui m'entouraient. Heureusement pour moi, j'étais aussi prudent et prêt à affronter les complications. Aujourd'hui, l'intelligentsia critique se trouve dans une autre situation ; nous avons affaire à un chaos provenant d'évolutions régionales non synchronisées, avec des faisceaux d'évolutions parallèles qui produisent des processus d'apprentissage totalement différents. Vu d'aujourd'hui, on a presque du mal à croire que ces modèles historiques homogènes et primitifs ont pu satisfaire d'aussi grands esprits que ceux de Lukács, Kojève, Bloch ou Sartre. Mais je dois reconnaître, Carlos, que tes nostalgies de gauche ont certainement des motifs moraux et existentiels authentiques, et ils n'ont rien à voir avec la névrose de 1968, ne serait-ce que parce que tu es plus jeune d'une demi-génération. Je sais aussi que tu as derrière toi la situation espagnole, où les tensions sociales et politiques sont bien différentes, même si nous en savons peu de chose, sur notre île de confort centre-européenne.

C. O. : C'est bien cela ! Je m'attendrais pourtant aussi à ce que les intellectuels d'Europe centrale aient des visions globales. Il y a des années déjà, Baudrillard a dit ironiquement que l'an 2000 n'aurait pas lieu. Sa thèse est que pour nous, le mieux serait que les années mortes situées entre 1989 et 2000 soient tout simplement biffées, car selon lui, tout l'essentiel s'est produit depuis longtemps, tout est joué, tout a été réalisé et a crevé d'être réalisé. Pourquoi devrions-nous séjourner en pure perte dans le désert intellectuel de ces années-là ?

P. S. : Une idée brillante ! La proposition de Baudrillard est instructive, moins par son contenu que par sa forme. On peut deviner grâce à elle ce que signifie ne plus vivre dans une conscience « d'avant la révolution ». Si la révolution est conçue comme imminente, personne ne peut avoir une idée aussi horrifiante que celle consistant à biffer du calendrier une décennie contemporaine. Avant la révolution : là, le temps est précieux, chaque heure compte, chaque groupe de travail a son importance, chaque livre est jugé à l'aune du chemin supplémentaire qu'il nous fait parcourir vers le but ; nous apprenons en vue de la rupture, l'université se transforme en un séminaire pour stagiaires de la Révolution. Un tel sentiment existentiel offre la plus grande quantité possible de temps accompli, celui qui n'a pas vécu cela n'apprendra jamais ce que signifie la grande Histoire. Nous écoutons dans la pénombre, et nous interprétons les signes. Nous attendons le dieu à venir qui engrossera la sphère bourgeoise, cet enfer boursouflé, nous ressentons ses douleurs sur notre propre corps, nous en sommes tout à fait certains. Mais tout à coup, c'en est fini de l'attente imminente de la Résurrection, la tension n'est plus tenable, l'impatience prend le dessus et les terroristes trahissent notre espoir en le vendant à l'adversaire. Ce qui vient au monde, ce n'est pas Dieu, mais un avorton criminel ; nous avons honte, à présent, d'avoir été gros de si grands espoirs. D'un seul coup, les intellectuels diaboliques apparaissent, nous signalent que les jeux sont faits : la révolution a déjà eu lieu, bande de tas, tout s'est déroulé, mais sur d'autres lieux, vous étiez tellement occupés à célébrer l'Avent que vous n'en avez rien su. En plus, vous vous êtes trompés sur le sujet de la Révolution, ce n'est pas le prolétariat, c'est la technique — et par-dessus le marché, la grande finance se montre plus révolutionnaire que tous ceux qui croyaient détenir la clef de sa critique. Et après ? L'air s'échappe, la bulle de l'attente, gonflée par la mystique, se déballonne. Après la révolution, ah, là, les décennies n'importent plus : si l'on vit après, peu importe dans quelle époque on vit. On peut avoir le goût fade de l'après, à quelque moment que ce soit.

C. O. : Il me semble que tu commets une injustice envers Baudrillard, car si ses analyses sont aussi postrévolutionnaires, elles témoignent tout de même de la force subversive de sa pensée. Je pense par exemple à son règlement de compte avec la « nullité » intellectuelle, notamment celle des médias visuels — mais ce règlement de compte n'est pas du tout perçu comme un verdict. C'est la raison pour laquelle il a été possible de le qualifier de précurseur des nouveaux médias ; il m'a dit récemment qu'il considère cela comme un malentendu catastrophique.

P. S. : Tu as raison de rendre hommage à Baudrillard, mais il me semble que tu n'utilises pas les bons concepts pour le défendre. Car la subversion sans perspective de révolution est une entreprise absurde. Il me semble que tu confonds la subversion et l'art, comme le font beaucoup de jeunes intellectuels. Car la subversion désigne la révolution ; dans cette mesure, elle n'est qu'un travail préalable. L'art, en revanche, se désigne lui-même et ne peut jamais être le prélude à autre chose. Dans cette mesure, Baudrillard est depuis très longtemps un artiste, et plus un révolutionnaire.

C. O. : Te comptes-tu toi-même au nombre de ces intellectuels diaboliques que tu viens de mentionner ? À certains égards, ta pensée donne l'impression d'être elle aussi datée d'après la révolution.

P. S. : Cette datation n'est pas tout à fait exacte. Je pense après la fausse révolution et au cœur du renversement global de toute chose. Je travaille à une théorie non marxiste de la révolution, et j'affirme que « révolution » demeure le thème central de la pensée véritable. Nous vivons aujourd'hui dans le plus grand bouleversement jamais survenu sur cette vieille terre, dans un bouleversement des mondes que ne comprennent pas les petits bourgeois, qu'ils soient marxistes, libéraux ou chrétiens. Celui qui serait parfaitement diabolique serait en réalité l'homme qui éliminerait totalement l'idée de la révolution. Je ne l'ai jamais fait, je n'ai jamais cessé d'être persuadé que les êtres humains, dans

63

les civilisations élevées, sont des créatures qui ont besoin de la révolution. Mais ils ont aussi besoin de protection contre les mauvais renversements. C'est la raison pour laquelle, après la débâcle de la vieille gauche, je me suis lancé dans une sorte d'archéologie de la révolution, j'ai réétudié ses motifs et ses sources et j'ai tenté de déterminer quand et où a germé l'idée du grand tournant, du renversement de toute chose. Je suis tombé entre autres sur des traces qui relèvent de l'histoire des religions, comme la gnose de la fin de l'Antiquité et l'apocalyptique juive — notamment en me fondant sur des thèmes que j'ai trouvés chez le philosophe juif des religions Jacob Taubes. Il m'a inoculé quelques idées importantes peu avant sa mort, en 1987 [1].

C. O. : Baudrillard serait donc beaucoup plus diabolique que toi. Il dit, si je le comprends bien, que l'an 2000 n'aura pas lieu parce que toutes, littéralement toutes les révolutions ont eu lieu. Elles sont révolues, parce que les rêves ont été réalisés ou ont fini de se mettre en scène. Et si cela est vrai, alors même la transition formelle de l'an 1999 à l'an 2000 est fortement surévaluée par ceux qui en attendent quelque chose, parce que l'on a toujours tendance à s'imaginer que le passage au troisième millénaire sera un événement, analogue à une révolution. Dans cette mesure, on créerait une situation clairement postrévolutionnaire si l'on biffait sans remords les années qui nous en séparent.

1. *Cf.* Jacob Taubes, *Abendländische Eschatologie*, Berne, 1947 ; *Die Politische Theologie des Paulus*, Munich, 1993 ; *Vom Kult zur Kultur, Bausteine zu einer Kritik der historischen Vernunft*, Munich, 1996.

P. S. : C'est bien cela. Prise au pied de la lettre, l'exigence de Baudrillard me paraît tout à fait raisonnable. Nous devrions vraiment nous comporter aujourd'hui comme si nous étions en 2001. Cela semble judicieux, notamment parce que nous nous trouvons dans un goulet d'étranglement temporel, où tout mène aux trois neuf de 1999, et aux trois zéros de 2000. Il y a là-dedans quelque chose d'oppressant, n'est-ce pas, quelque chose qui déclenche chez d'innombrables personnes une sorte de claustrophobie. Avec trois neuf et trois zéros devant les yeux, on devient numérologiquement nihiliste. On ne peut pas accomplir un travail sensé en vivant dans une situation de tunnel, comme le font aujourd'hui les Occidentaux face au millénaire qui s'annonce. Rayer les années mortes qui nous séparent de l'an 2000 — c'est une proposition que j'accepte avec enthousiasme. Nous changeons notre calendrier, public et privé, nous repartons de l'an 2001, tout de suite ! Et si les majorités ne nous suivent pas, c'est leur problème, pas le nôtre. Nous devrions commencer par écrire partout l'an 2001, nous verrions bien ce qui se passe. Cela serait bienvenu, parce que l'humanité, aujourd'hui, avec cette névrose du calendrier, vit aussi une grande crise du réel. Il serait bon, dès lors, de régler au moins l'une des deux crises. Débarrassons-nous de la plus légère, c'est-à-dire le problème des calendriers, ce stress occidental de la fin du millénaire. D'ailleurs, notre décompte des années est l'œuvre d'un canoniste, un archiviste qui vivait au VIe siècle, le moine Denys le Petit — Carlos, voilà, tu recommences à rire...

C. O. : Excuse-moi, c'est juste en passant...

P. S. : Et ce petit Denys, si l'on en croit des découvertes récentes, s'est trompé d'un bon nombre d'années en avant dans le calcul de la date de naissance du Seigneur. De six ans, je crois. Par conséquent, le pape, souverain du calendrier occidental, s'il avait voulu se rendre utile une dernière fois, d'une manière convaincante, aurait pu proclamer l'an 2001 à la Saint-Sylvestre 1995. Cela serait à la fois une source d'information spirituelle et une donnée historique correcte. Les calendriers ont une importance gigantesque, parce qu'ils modèlent le temps du monde. Pour ce qui concerne le calendrier chrétien, il est évident qu'il nous intègre dans la forme temporelle la plus inquiétante qu'on ait jamais connue. Ce n'est pas rien : la civilisation dominante sur cette terre se réfère, à chaque fois qu'elle donne un millésime, à la naissance d'un Sauveur qui avait une pensée et une sensibilité apocalyptiques — sur ce point, les spécialistes du Nouveau Testament et les théologiens de toutes les confessions sont tout de même d'accord. Quand on lit les Évangiles, on se dit malgré soi que ce type était quand même pressé de partir pour le Ciel. Notre calendrier est la trace formelle de cet évangile de l'impatience à l'égard du monde. Par sa faute, nous avons tous des prédispositions apocalyptiques, il nous presse de travailler vers une fin. Le calendrier *post Christum natum* est le plus puissant anachronisme du monde moderne. Il participe indirectement à cet apocalypticisme latent, et même au goût pour la catastrophe que l'on constate au sein des élites occidentales. Je l'affirme sans m'appuyer aucunement sur les études sociologiques et les sondages d'opinion. Mon expérience et ma sensibilité personnelles me disent que les gens des hautes sphères du pouvoir, lorsqu'ils décompressent un peu, lorsqu'ils se laissent aller, après minuit, se montrent souvent dominés par une grande tristesse et par un désarroi qui descend très, très en profondeur. Celui qui saurait à quoi ressemble le cerveau des cent personnes les plus puissantes et les plus expérimentées de cette terre irait volontiers chercher une autre étoile. Nous devinons que tous ces gens qui contribuent à déterminer nos destins sont hantés par l'ange du seuil d'incompétence. C'est lui qu'ils implorent, et il leur rend visite pendant leurs pauses. C'est l'unique transcendance à laquelle ils aient affaire.

C. O. : Pierre Bérégovoy a été l'un des rares à l'avoir compris. Il a réussi à s'avouer le désespoir lié à sa fonction, et l'a assumé jusqu'à son ultime conséquence [1].

P. S. : Oui, son suicide avait quelque chose d'exemplaire, c'était une sorte de commentaire sur la situation de la classe politique. Il a inquiété ses collègues français une minute durant, parce qu'il a dévoilé le caractère autohypnotique de l'optimisme politique officiel. Peut-être la vérité est-elle vraiment réservée aux morts, et à eux seuls...

1. Le Premier ministre français a mis fin à ses jours le 1er mai 1993.

VI

Que signifie : « venir au monde » ?

C. O. : Peter, dans ce contexte, je voudrais
t'interroger sur tes propres transformations.
J'ai l'impression que le Peter Sloterdijk de
naguère est en bonne partie passé au second
plan. Ses thèmes étaient l'expérience de soi,
la régénération interne, la quête de soi, le
repli hors de la folie collective. Ta première
philosophie était une variante dissidente de
la Théorie critique d'obédience francfortoise,
une nouvelle version ironique du Grand
Refus, chargé d'une ambition globale, mais
aussi une manière de te démarquer des maîtres francfortois. Aujourd'hui, tu as choisi de
nouveaux thèmes et adopté d'autres rôles.
Tes derniers livres, intitulés *Dans le même
bateau*[1] et *Falls Europa erwacht*[2] sont entre
autres des répliques aux *Perspectives sur la*

1. *Dans le même bateau,* trad. de Pierre Deshusses,
Rivages, 1997.
2. *Falls Europa erwacht. Gedanken zum Programm
einer Weltmacht am Ende des Zeitalten ihrer poli-
tischen Absence*, Francfort, 1994.

guerre civile d'Enzensberger et à certains propos de Botho Strauss[1]. Dans ces essais, tu développes une sorte de politique des profondeurs ou, pour reprendre ton expression, une hyperpolitique. Dans ces nouveaux textes, on continue à percevoir la note heideggerienne, mais je remarque que le vieux Sloterdijk post-soixante-huitard qui avait critiqué d'une manière tellement pénétrante le cynisme des acteurs dans l'espace politique et stratégique se consacre désormais au grand discours collectif, au discours public. Cela rappelle tout de même, de nouveau, les intellectuels républicains d'antan.

P. S. : Oui, cela me vient sur le tard... Je pourrais expliquer cela...

C. O. : Excuse-moi si je t'interromps. Cela n'est-il pas avant tout lié au fait que tu t'es longtemps battu contre les névroses d'obsessions de 68, contre la folie du tout-politique, cette démence pour laquelle la vie entière dépendait de ce que l'on appelait à l'époque la « libération politique » ?

P. S. : C'est exact, le mouvement de 68 ne connaissait que l'homme sociologique, pas l'homme existentiel. À l'époque, dans l'aile noble, on trouvait certes aussi *l'homo aestheticus* qui, dans une contemplation solitaire, retrouvait les grandes œuvres d'art pour y déceler la signature du monde déchu. Mais

1. Dans un certain nombre de textes, l'écrivain Botho Strauss a développé depuis le milieu des années 90 des positions qui ont été attaquées comme réactionnaires et nationalistes, et qui ont causé un profond émoi chez certains intellectuels allemands. *(N.d.T.)*

en 1968, on a pris comme prémices ce qui n'aurait jamais dû être considéré comme tel : le fait que l'être humain est toujours un animal public et humain, une créature politique *a priori*. C'est à mes yeux la pire des idéologies, une folie méchante qui met cul pardessus tête la situation réelle. Car le fait de pouvoir penser et agir politiquement est historiquement et psychologiquement une évolution très tardive et invraisemblable, le résultat précaire de dressages rares et spéciaux, et pas du tout un état inné et originel, comme on a pu la présenter à l'époque. Intuitivement, la face activiste de 68 m'a toujours paru suspecte, je ressentais les protagonistes du mouvement étudiant, Krahl, Dutschke[1], Cohn-Bendit et d'autres personnages, comme des hystériques. À l'époque, c'étaient à mes yeux des créatures venues d'une autre étoile psychologique, ils me faisaient l'effet de gens du cirque — un type humain qui est toujours resté une énigme pour moi. Je ne comprenais pas ces potaches de terminale qui sortaient de leurs classes pour se précipiter aux pupitres d'orateur et expliquer à l'humanité ce dont elle avait besoin.

C. O. : Lorsque j'écoute tes réponses, je comprends quelles césures intellectuelles vous avez pu provoquer, toi-même et quelques autres dans ta génération. Vous vous êtes surtout insurgés, me semble-t-il, contre deux choses qui relevaient jadis de la norme :

1. Rudi Dutschke a été blessé par un policier. Il a survécu, mais handicapé, et est mort par la suite d'un accident dans son appartement. *(N.d.T.)*

la politisation forcée et la sociologisation forcée.

P. S. : Si tu veux formuler les choses ainsi... je n'y vois pas d'objection.

C. O. : Parmi ces nouveaux accents biographiques, on trouve chez toi un motif philosophique d'une nouvelle qualité : on pourrait littéralement parler d'un dépassement de l'image sociologique du monde par la philosophie de l'existence. Dans tous tes livres depuis *L'Arbre magique*[1], un roman sur Sigmund Freud qui se déroule à la veille de la Révolution française, tu parles constamment d'un thème sur lequel la gauche traditionnelle, pas plus que les sciences sociales courantes, n'a rien à dire, je veux parler de la naissance, de la nativité, du fait de venir au monde. Pour être franc, cela me rappelle plus maître Eckart que Habermas.

P. S. : C'est bien possible. C'est un fait, la naissance est à mes yeux le sujet entre les sujets, et aujourd'hui, alors que j'y travaille depuis plus de vingt ans, je peux m'expliquer d'une manière à peu près exacte pourquoi il doit en être ainsi. La naissance est le point où coïncident la philosophie de l'existence, la psychanalyse et l'histoire discrète des civilisations. C'est pour moi le point brûlant, celui où débute la pensée essentielle. Au commencement des années 70, j'avais compris que le mythe de la révolution était mort — ou pour

1. *L'Arbre magique. La Naissance de la psychanalyse en l'an 1785,* trad. de Jeanne Etoré, Flammarion, 1988.

mieux dire, je ne l'ai pas compris, je l'ai senti : nous avions parmi nous un gigantesque cadavre idéologique, il commençait à empester, et ses démarcheurs ne sentaient pas bon non plus. Le politique était désormais, et pour longtemps, un terrain sans espoir ; jusqu'à nouvel ordre, il n'y avait plus rien à en attendre. De la révolution, par conséquent, il ne restait qu'une vague nostalgie — le désir d'une autre vie, plus riche, plus intensive. On peut dire les choses aussi naïvement, car même si l'on voulait les exprimer d'une manière plus élaborée, elles auraient la même signification. Nous étions donc contraints d'avoir un autre type d'analyse, une analyse du désir, que l'on appela à l'époque psychanalyse — ce qui était bien entendu une dénomination erronée, parce que la psychanalyse dit que celui qui se révolte a tort, alors que nous voulions entendre dire que celui qui s'insurge a raison. Le cadavre de la révolution s'est décomposé peu à peu, jusqu'aux ossements, et quelques radicaux non réductibles sont apparus. On a pu voir à ce moment-là que dans le complexe formé par la révolution, il avait existé trois motifs ou figures de base absolument différents, chacun étant autonome et continuant à vivre pour soi, même si la figure idéologique dans laquelle ils étaient assemblés s'est décomposée. La première pierre, le radical primaire de la grande révolution mythique, c'est l'État de droit bourgeois, avec son pathos formel et égalitariste. Mais après 1945, il s'était déjà établi tant bien que mal chez nous, nous n'étions pas exagérément reconnaissants de l'avoir, nous ne faisions que le prendre comme point de départ pour exiger beau-

72

coup plus. Mais ce plus, qu'est-ce que c'était ? Pour répondre à cette question, il faut connaître les deux autres formes de grand bouleversement. Le deuxième radical de la révolution, c'est l'expérience individuelle de la naissance, la percée dramatique de l'enfant lorsqu'il quitte le corps de sa mère pour aller au monde. Cet événement reste présent, comme scène primitive, en chaque individu, et constitue l'arrière-plan des espoirs futurs de nouvelle percée, vers des conditions de vie moins astreignantes. La sortie de ce canal originel étroit dans lequel tout pourrait déjà être arrivé à son terme : c'est cela, le prototype subjectif de la libération...

C. O. : Mais la naissance n'est pas forcément synonyme de libération. Pensée à partir de Heidegger, la naissance nous condamne au drame indépassable de la temporalisation de l'existence.

P. S. : C'est un fait, la naissance est ambiguë. D'un côté, elle n'aurait jamais dû avoir lieu. De l'autre, c'est le seul événement dénué de remords, l'unique drame qui se déroule avec le droit absolu de se dérouler.

C. O. : Tu voulais donc décrire la naissance comme une source subjective de révolution.

P. S. : Oui, parce que *la* révolution s'accomplit toujours aussi sous forme d'une répétition de la naissance sur une autre scène. La révolution mythique est toujours aussi la reproduction du drame périnatal au niveau du politique. C'est peut-être l'une des raisons pour lesquelles les révolutions réelles déçoivent toujours : elles n'apportent jamais à tous ce que l'on appelle la deuxième chance. Mais il existe aussi d'autres inhibitions précoces, et par conséquent des fantasmes précoces de libération qui s'intègrent aux espoirs de révolution. Et parce que les hommes restent fréquemment fixés sur des scènes archaïques, ils ont des motifs endogènes d'œuvrer, dans les scènes ultérieures, à réaliser des percées vers la liberté. Il faut toujours compter avec cela : il existe vraiment une pulsion, alimentée par des tensions purement internes, pulsion qui pousse à se détacher par la force, à s'emporter, à bouleverser. Le plus souvent, cette pulsion s'échappe par le haut, dans la fièvre religieuse et l'ivresse guerrière. Mais le même matériau énergétique peut s'investir dans une politique prérévolutionnaire si rien de mieux ne se présente. Ces énergies se déchaînent, aujourd'hui, dans des champs extrapolitiques, notamment dans les sous-cultures de la musique pop et dans le milieu des sports à risques. Et tant que cela reste ainsi, nous sommes à l'abri d'une nouvelle politique de la grande percée.

C. O. : Mais tu as parlé de trois motifs ou de trois sources, dans ce complexe qui constitue la révolution.

P. S. : Le troisième radical de la révolution provient de la philosophie ou des disciplines spirituelles. C'est le changement spirituel subit qui permet à l'être humain, pour ainsi dire, de se dés-errer et de saisir la différence entre une vie qui va dans la bonne direction et une vie qui va dans la mauvaise direction.

Il existe pour cela de nombreux modèles culturels, par exemple le renversement interne de l'orientation de la pensée, celui dont parle Platon, ou la conversion, telle que saint Augustin l'a comprise : celle qui libère de l'obligation de continuer dans une mauvaise attitude face à la vie, éloignée de Dieu. Il y a aussi ce retournement de l'existence que l'on connaît en Inde, qui mène de l'existence pratique dans la société à une vie axée sur sa propre libération, la *moksha*, ou aux rites de renaissance que l'on connaissait dans les pratiques chamaniques — quelles qu'elles soient. Avec ces conversions débute la guerre civile du savoir philosophique ou ésotérique contre le vulgaire entendement humain. À chaque fois, on a considéré la vérité ou la vie bonne, soit dit pour une fois sans ironie, comme une chose que l'on ne peut atteindre sans une grande rotation, un renversement du sens de l'être. Cela exprime vraisemblablement le fait que dans l'existence historique des êtres humains, il y a eu très tôt un penchant et une contrainte poussant à se faire expulser des formes de vie meilleures. Dès lors, seule une sorte de révolution permet de renouer avec le bon fil — ce qui n'a du reste rien à voir avec le rousseauisme ou un passéisme obtus. La question est plutôt de savoir si les sentiments existentiels impliquent une faculté de juger. Depuis le milieu des années 70, j'ai compris, petit à petit, que les mythologies modernes de la révolution ont reposé sur la confusion de ces composantes. Naturellement, les turbulences des XIXe et XXe siècles ont été un humus idéal pour les confusions de cette nature, il était trop facile de penser dans un même mouvement et d'interchanger les trois formes primitives du tournant et du mouvement en profondeur. Après tous les malentendus qu'a connus cette époque lamentable en matière de bouleversement, un peu plus d'analyse ne fait sans doute pas de mal. Le temps m'a paru venu de regarder de plus près et en soi ces radicaux irréductibles. C'est ainsi qu'a pris forme ce que j'ai exposé depuis la fin des années 80 dans différents livres : les contours d'une anthropologie cinétique à laquelle je donne le nom « d'analytique du venir-au-monde ». Cela commence avec *L'Arbre magique*[1] et cela va jusqu'à mon dernier livre de philosophie, *Weltfremdheit*[2]. Depuis, dans tous mes livres, on trouve un noyau de critique de la révolution. Je conçois la philosophie comme une introduction à la science révolutionnaire universelle. À côté de cela, l'anarchisme politique est une histoire provinciale.

C. O. : Parmi ces recherches, on trouve aussi la grande anthologie sur la gnose, *Weltrevolution der Seele*[3], que tu as éditée en collaboration avec Thomas Macho, un livre qui a parfois été lu comme si tu avais voulu te présenter en gnostique.

P. S. : Cette légasthénie qui se présente comme une critique... c'est une misère. Il suffit d'avoir des yeux pour comprendre que cette anthologie est guidée par des préoccupations d'ordre anthropologique et psycho-

---

1. *Cf.* note p. 71.
2. *Weltfremdheit* (étrangers au monde), Francfort, 1993.
3. *Weltrevolution der Seele. Ein Lese- und Arbeitsbuch zur Gnosis*, Munich et Zurich, 1992.

logique, non par des intérêts relevant de la philosophie de la religion — et encore moins de la religion tout court. Elle développe une interrogation très simple et très ambitieuse sur les difficultés qui sont liées au venir-au-monde. La tradition gnostique ne signifie rien d'autre à mes yeux. C'est une herméneutique de la fausse couche dans un monde qui ne convient pas aux êtres humains. La réalité, c'est cela : des époques entières ont été si sombres que les hommes ont dû développer une grande imagination pour comprendre dans quoi ils étaient tombés. Et il en va de même aujourd'hui pour d'innombrables personnes ; les damnés de cette terre sont partout, et aucun des antignostiques indolents qui sont attachés à nos facultés de théologie et de sociologie ne leur apporte d'aide. Dans mon concept d'une analytique du venir-au-monde, je pars du principe que la vie humaine est « fondée » sur une mobilité profonde, totalement autonome et incomparable — certaines révolutions politiques, révolutions culturelles, fondations de religions et autres bouleversements ayant pris la forme d'un renouveau n'en constituent que les formes concrètes. Dans les sous-cultures spirituelles, on rencontre couramment l'idée que la vie de l'individu, sur son chemin intellectuel, se transforme en une naissance permanente, et je dis quelque chose d'analogue avec un langage psychologique, même si j'y apporte une nuance notable : je n'ai pas d'intentions initiatiques, et surtout pas d'ambition dans le domaine de la métaphysique de l'esprit ou du spiritualisme. Dans tout ce que j'ai publié au cours de ces dernières années, on trouve une perspective sur une théorie de l'homme considéré comme un animal de l'Avent. Je vois mille raisons pour lesquelles les hommes devraient aujourd'hui abjurer la métaphysique traditionnelle, la fascination qu'exercent sur elle la mort et la perfection. Mais je critique tout autant la mauvaise platitude de la simple non-métaphysique. À chacun de mes livres, j'ai tenté de développer un nouveau langage qui laisserait plus de place à la fascination des naissances et des venues au monde. Les hommes sont des animaux qui viennent, des animaux de l'arrivée, des animaux d'expérience, ils sont toujours sur une route, mais pas sur l'une de ces routes dont s'occupe Bison futé. Notre voyage primaire n'a pas lieu sur quatre roues, il s'agit de l'exode de l'intelligence même et du mouvement de la vie intelligente à travers des milieux qui provoquent l'intelligence. Le venir-au-monde a toujours, d'un certain point de vue, le caractère d'un voyage, mais ce qui caractérise ce voyage, c'est le fait que l'on n'y découvre les objectifs et les étapes qu'au fur et à mesure de sa progression. Ernst Bloch a donné à ce phénomène le nom d'*experimentum mundi,* l'expérience du monde. Belle formule. Certains jours, il me semble que tous ceux auxquels on aurait pu parler rationnellement sont déjà morts.

VII

La politique des sphères

C. O. : Lors de tes propres voyages physiques et intellectuels, tu as atteint des pôles extrêmes, dans l'espace géographique et dans l'espace culturel. Je perçois chez toi un thème que tu as vraisemblablement sauvé et ramené de la période où tu as pratiqué des expériences sur ta propre personne, un motif que l'on ne peut en aucune manière résoudre dans les déterminations sociales. Tu parles du venir-au-monde comme d'une chose pour laquelle Bison futé ne peut rien faire, comme tu le dis si joliment, pas plus que l'université, un parti ou quelque groupe que ce soit. Cette théorie du venir-au-monde n'est-elle pas une nouvelle variante de la théorie existentialiste ? Tu abordes ainsi une question qui est totalement dissimulée, aujourd'hui, par les discours de la sociologie et de la théorie des systèmes, cette solitude essentielle...

P. S. : ... et l'extase essentielle, qui est le contraire de la solitude bourgeoise, de l'isolement. Gottfried Benn avait fait dire à son Ptoléméen qu'en regardant en lui-même, il discernait deux phénomènes, la sociologie et le vide. Je crois pour ma part que lorsqu'on regarde en soi, c'est d'abord une autre chose qui apparaît, une troisième expérience. Ce n'est pas la sociologie, ce n'est pas le vide, c'est un contexte sphérique.

C. O. : Un instant, Peter, il me semble que ce que tu dis ne se comprend pas du premier coup.

P. S. : Mais si. Je veux dire : ça se comprend très facilement. Si je te demande ce que tu vis précisément au moment où tu regardes en toi-même, en bon ptoléméen, je serais étonné que tu ne trouves que la sociologie et le vide.

C. O. : Pour le moment, il me serait difficile de regarder en moi-même, parce que nous sommes au cœur d'une conversation qui me captive passablement.

P. S. : Si je peux en tirer une conclusion : le tiers, c'est la conversation, le divertissement, autrement dit ce qui nous occupe et nous tient en haleine à cet instant précis. Normalement, pour nous, cela passe bien avant les deux autres dimensions, c'est beaucoup plus visible que tout le reste, c'est même trop visible pour qu'on le remarque. J'affirme seulement qu'il existe toujours quelque chose qui nous distrait, nous occupe, nous émeut et nous fait sortir de nous-mêmes.

C. O. : Dans ce cas, pour toi, d'un point de vue formel, l'occupation serait l'extase, la forme extatique en général ?

P. S. : Admirablement formulé. La seule chose importante ici est que nous nous fondions sur un vaste concept de l'occupation. À vrai dire, je préférerais dire « divertissement », dans le sens où nous concevons comme un divertissement tout ce qui nous entraîne dans les tensions, dans les prises de parti, nous fait sortir de notre propre vide pour nous mener dans des espaces que nous partageons avec les choses et les gens. Le travail, le combat, l'amour, le dialogue : ce sont les formes principales de l'extase divertissante. De ce point de vue, le divertissement est synonyme d'existence, et le contraire du divertissement n'est pas l'ennui. Le contraire du divertissement, c'est la mort.

C. O. : Cela me rappelle maintenant ce que Heidegger appelle *die Sorge*, le souci. Car le souci de Heidegger est lui aussi une dimension dépourvue de contraire. On se soucie toujours de quelque chose — pourquoi ? Parce que Heidegger ne parle pas des soucis que l'on se fait et que l'on pourrait tout aussi bien ne pas se faire, mais de l'horizon des choses dont il faut absolument se soucier, qui nous concernent, qui nous cernent, qui nous retiennent en haleine. C'est la raison pour laquelle chez Heidegger aussi, le contraire du souci n'est pas l'insouciance, mais la mort. Même son analyse de l'angoisse en découle, me semble-t-il. Pour Heidegger, l'angoisse ne désigne pas la crainte de tel ou tel, mais ce sentiment subit d'inconsistance dans lequel le monde et le soi se dérobent simultanément. Pour ce qui me concerne, je considère que l'issue d'une angoisse de ce type réside dans la sécurité qu'offre l'amour — dont, étrangement, on ne parle absolument pas chez Heidegger — ou, pour m'exprimer plus prudemment, dans le lien avec une autre personne. À l'inverse, dans l'ivresse érotique, l'amour peut à son tour nous faire tomber de nouveau dans un abîme existentiel — et l'homme balance ainsi entre la réalité du monde et du soi, et le retrait de l'un et de l'autre. Je pense que cela dépasse encore le fait de se rassurer par la conversation, le combat ou le divertissement. Cela met en jeu une solitude ontologique.

P. S. : Je ne voulais pas encore aller aussi en profondeur. Pour désigner ce à quoi je pense, on peut utiliser le terme de souci, ou de divertissement, ou d'engagement. Dans tous les cas, on désigne un espace commun dans lequel on doit compter avec l'appel et la prévenance des choses et des gens. J'entends et je vois que je suis une partie d'un espace qui engendre des points communs entre moi et les qualités, là, à l'extérieur. On pourrait aussi, bien entendu, faire entrer l'amour dans le jeu, mais je n'aime pas le mot, ici, parce qu'il est trop chargé, et aussi trop hâtif...

C. O. : Peut-être aussi trop banal.

P. S. : Ou trop sacré, et par là même trop profané. Pourquoi n'appelons-nous pas cela la sphère ? Je parle de sphères lorsque je m'efforce de décrire un type d'apparence dotée d'une existence réelle. Ce sera du reste l'un des sujets de mon prochain livre[1]. J'af-

1. *Sphären I, Blasen* (bulles), 1998, *Sphären II, Globen* (globes), 1999, *Sphären III, Schäume* (écumes), 2000.

firme que ce reflet est le plus réel de nos espaces de vie, c'est l'air dans lequel nous avons la vie, le mouvement et l'être, comme le dit saint Paul dans son discours devant l'Aréopage[1]. S'il me fallait refaire l'analyse ptoléméenne, j'en viendrais donc d'abord, en toute certitude, à ce troisième point. Si je regardais en moi-même, je percevrais qu'il y a en moi quelque chose qui est aussi autour de moi. Ce qu'il y a en moi, c'est ce que je respire, ce que je partage, ce dont je suis à la fois une particule et un pendant, bref, la sphère, la boule ouverte dont je suis la moitié vivant dans ce monde, la moitié « moi ». Cela n'a rien à voir avec ce que Benn appelle la sociologie. On ne peut pas mesurer les sphères en fonction de leur longueur, de leur largeur, de leur profondeur. Et malgré cela, elles existent en trois dimensions, elles ont la nature d'un esprit qui s'épanche dans l'espace, comme le disent les phénoménologues avec une si étrange précision. Les sphères sont des espaces de sympathie, des espaces d'ambiance, des espaces de participation. Si nous ne supposions pas qu'elles existent, nous ne pourrions pas échanger deux mots, et dès que nous supposons leur existence, nous leur donnons une nouvelle intensité. Même l'interaction la plus banale implique que nous participions aux constitutions de sphères. Sans cela, il n'y aurait pas de familles, pas de communautés de vie, pas de communes, pas d'équipes, pas de peuples. On ne supporterait pas de passer une seule journée dans le même logement que d'autres personnes si les intéressés n'avaient pas la singulière

1. Acte des Apôtres, XVII, 28. *(N.d.T.)*

capacité de trouver des fréquences communes. Il n'y a donc rien d'offensant lorsque je dis que nous sommes des radios vivantes, que nous pouvons nous caler sur des gammes d'ondes communes. Mais comment en viens-je à dire cela ? C'est le mythe analytique qui le permet.

C. O. : Peux-tu l'expliquer plus précisément ?

P. S. : Si l'analyse bouleversante décompose toute chose en ses plus petites parties possibles, il pourrait ne plus rien rester au bout du compte de ce que l'on a appelé si globalement la société, mis à part des individus purs qui, telles des particules libres, volent pêle-mêle dans un nuage de poussière au point zéro de la cohérence. Une foule de particules de poussières autistes et dépourvues de liens et de structures : ce serait la fin logique de l'analyse que nous avons menée. Du reste, c'est exactement l'image que les critiques conservateurs de l'atomisme ont souvent décrite : une société composée d'enveloppes vides et isolées qui se seraient consacrées à une drôle de réalisation de soi — que serait en effet l'accomplissement de soi, avec de telles enveloppes vides ? Mais l'image des atomes autistes est fausse, elle est déjà biaisée à son niveau métaphorique, car pour être un atome digne de ce nom, il faut des forces de liaison, des valences. Un tel atome social libéré peut au contraire, pour rester dans cette image, commencer à établir l'état de ses fonctions de liaison. Les hommes que l'on prétend atomisés ne sont souvent justement pas des autistes, mais des radicaux libres qui sélectionnent leurs atomes partenaires et leurs molécules préférées. Ce qu'il y a de magnifique, dans cette réduction moderne à l'atome individuel libre, c'est qu'après elle, il ne reste plus rien des liaisons et des agrégats funestes qu'engendrent les traditions et les chimères d'hier. Cela signifie que le vieux destin est désarmé, et que le cauchemar des générations précédentes ne s'est pas reporté sur les hommes d'aujourd'hui. Mais toutes les énergies synthétiques sont-elles pour autant mises hors circuit ? Aucune cohésion des particules n'est-elle plus possible ? N'y a-t-il plus de poésie, plus d'institutions ? Tout ce qui était composition, syntagmes, doit-il être rayé des listes ? En réalité, nous en sommes au point où toutes les formes composées paraissent déconstructibles, nous les décomposons jusqu'au niveau du neutron. Cela vaut pour la matière physique, pour les sociétés et pour le tissu symbolique, les textes et les rituels. Mais qu'est-ce que cela signifie ? Après l'analyse, nous nous reconstruisons, et nous jouissons alors d'une espèce de poésie, la poésie de la réorganisation, une poésie du projet existentiel recréé de zéro et répété avec un supplément de liberté. De là, on peut même envisager une renaissance de la famille à partir de l'esprit de la poésie recombinatoire. Ce sujet-là est enveloppé d'une bonne couche de moisissure et de misère. Nous nous rappelons les enfers familiaux de nos grands-parents. Ce que nous avons appelé les Lumières était en bonne partie le serment que ces histoires lamentables ne se répéteraient pas comme un roman-feuilleton au fil des générations. Pour y parvenir, l'analyse, l'individualisation étaient des éléments importants. Après le passage par le tunnel analytique, des formes synthétiques plus libres sont de nouveau possibles, des formes de vie dotées d'un surcroît de poésie et de liberté d'action.

C. O. : Tout cela paraît très autobiographique, il me semble que je t'entends déjà...

P. S. : Dieu sait que...

C. O. : ... décrire ta nouvelle situation existentielle.

VIII

L'amour en général,
l'amour sans phrase

C. O. : Peter, tu viens de me faciliter grandement la tâche, car j'avais l'intention d'aborder un nouveau sujet dont les intellectuels, surtout les philosophes, parlent plutôt à contrecœur : la sexualité et l'amour. Ils considèrent la vie amoureuse comme une affaire rigoureusement privée. Pour ma part — en reformulant un vieux principe de 68 —, je dirais au contraire que les problèmes amoureux, les questions sexuelles, constituent l'élément le plus politique qui soit. Un ami qui avait participé à la révolte des étudiants avait coutume de dire : « Qu'est-ce que le Vietnam peut bien me faire si j'ai des problèmes d'orgasme ! » À mes yeux, une phrase symptomatique qui m'indique à quelles contraintes et quelles inhibitions vous avez dû faire face *in illo tempore*.

P. S. : Merci, Carlos, tu nous fais des compliments. Tu peux bien rire...

C. O. : Je pense, Peter, que ta biographie va nous offrir une transition facile vers le nouveau complexe de questions que je voudrais aborder ici avec toi.

Je commence par une thèse, ou plus exactement par une observation. Ce qui me frappe, c'est que dans un monde où tous les systèmes de référence ont de plus en plus tendance à se perdre — le politique, le communautaire, la grande tendance historique, etc. —, que dans un monde comme celui-là, donc, l'amour, ou ce que l'on considère comme tel — cette précision n'est sans doute pas superflue —, l'amour avec ses perversions et ses substituts, est demeuré comme ultime instance de création de sens. Ce que nous appelons « l'amour » paraît être l'unique instance à offrir une sorte d'assise aux contemporains, à ces zombies nomades de la société de l'ego, comme je les appelais au début. Qu'en penses-tu ?

P. S. : C'est une hypothèse judicieuse, espérons-le ! En tout cas, elle exprime une pensée parfaitement cohérente avec les réflexions que nous avons menées jusqu'à présent. Lorsqu'au fil de plusieurs siècles d'expériences, on accomplit une sorte de recherche sur les particules sociales, comme on le fait dans les sociétés occidentales, on fait naître des individus, dans ce sens très spécifique que nous avons évoqué. Ce sont souvent des autistes, mais pas toujours. Actuellement, ces individus se donnent de préférence le nom de systèmes subjectifs, ce qui n'est pas sans attrait. Partout, on a vu apparaître des individus libres, prêts à établir des relations, mais qui n'ont pas d'emblée des liens univoques.

Comme des particules élémentaires ou des atomes à valence libre, ils se déplacent à présent dans l'espace social. L'amour moderne, je l'affirme, n'est rien d'autre que l'activité de la valence libre. Lorsqu'un tel individu, dans la réduction à soi-même, a découvert le Carré noir, l'écran interne vide, on ne peut pas ne pas se demander si ce vide va encore de pair avec d'autres vides. Tu t'es découvert toi-même comme le trou dans le monde, et tu exerces ta capacité de jouer avec les rôles. Un tel individu a touché le fond de la désidentification. Il sait que dans le fonds de costumes du passé, il ne trouvera pas de véritable réponse à ses questions existentielles. Qu'est-ce qui lui reste ? Il dispose toujours de l'action de la valence libre. Un individu moderne à peu près normal, c'est-à-dire un être qui n'investit pas des quantités pathologiques d'énergie dans son enkystement personnel, a des forces disponibles pour créer des liens, des facultés de création de sphères, il peut donc, comme on dit aujourd'hui, nouer des relations.

Un tel individu dispose aussi d'une certaine force de combat, nécessaire pour maîtriser les passages éprouvants des relations longues — la fidélité n'est qu'un mot désignant le goût persistant du combat avec le même adversaire. Le résultat du grand processus d'analyse, donc, la réduction à l'individu, libère beaucoup de capacité d'amour, l'amour pur, si l'on veut. C'est un processus d'abstraction dans le réel, une sorte de distillation ou de réduction à l'essence. On peut tout à fait comparer ce phénomène avec ce que Marx a démontré à propos du travail. Le travail pur, lui aussi, est un résultat tardif des rapports sociaux façonnés par l'argent. Dans l'ancien monde, que ce soit au Moyen Âge ou dans l'Antiquité, on était boulanger, ou paysan, ou percepteur, ou prêtre, ou roi, on exerçait l'une de ces fonctions tellement différentes qu'offrait la vigne du seigneur. Mais le concept de travail ne chapeautait pas encore toutes ces activités. Il faut attendre le capitalisme, avec son abstraction des valeurs, pour qu'apparaisse cet universel, cette chose neutre qui s'appelle le travail. Avec l'argent, le travail devient incolore, sans saveur, inodore — universel, général ; il devient quelque chose que chacun, par principe, doit être capable de faire, contre de l'argent, cela va de soi. Le travail moderne, ce n'est pas faire des choses, c'est faire de l'argent. L'homme actif d'aujourd'hui n'est plus un artisan de caractère, mais un faiseur d'argent général. C'est ce que Marx a décrit par la superbe formule « le travail en général », « le travail *sans phrase*[1] », sans autre épithète. Et c'est exactement ce qui se passe avec l'amour. Jusqu'au cœur du XIXe siècle, et même, en réalité, jusqu'à hier, l'amour a toujours été un amour sous condition, un amour singulier, un amour à couleurs locales et puissants parfums domestiques — seul l'amour de Dieu laissait deviner, depuis le Moyen Âge, que l'amour, lui aussi, connaît une tendance à la généralisation. Les églises étaient les places boursières où se négociait un amour plus abstrait. C'est seulement depuis les années 20 de notre siècle que nous connaissons le verbe « aimer » comme vocable désignant une activité absolue — nous travaillons pour faire de

1. En français dans le texte. *(N.d.T.)*

l'argent, nous aimons pour faire de la relation... C'est l'amour en général, l'amour *sans phrase*. Et c'est lui qui, désormais, se promène sur les marchés comme une sorte de capital subjectif soucieux de se valoriser. Cela donne le jour à un nouveau régime érotique que l'on pourrait appeler l'érotisme du marché libre. Il y a des marchés de l'amour comme il y a des marchés du travail. On est donc forcé de se poser la question : puisqu'il existe des agences de l'emploi, pour les demandeurs d'emploi qui ont du mal à établir la jonction avec les entreprises, où sont alors les agences de l'amour, pour ceux qui cherchent l'amour et ont du mal à établir la communication ? Quoi qu'il en soit, la capacité d'aimer est, chez l'individu moderne, une valence libre ou, comme on dit, un potentiel. Celui-ci peut être invalide, ou tellement spécialisé qu'il ne peut plus être communiqué, mais d'une manière générale, avec ses tendances à se lier, ce potentiel trouve à peu près le moyen de s'épanouir. Il veut éprouver des coups de foudre, constituer des sphères et tisser des communautés d'existence, provoquer des couplages à court ou à long terme — tout cela, nous l'avons montré, de manière plus ou moins expérimentale. Mais aujourd'hui comme hier interviennent les conséquences bien connues de l'amour : je veux parler des enfants.

C. O. : Et nous en revenons justement à toi...

P. S. : En plein dans le mille. C'est ma nouvelle situation...

C. O. : Cet événement, le fait que tu sois récemment devenu père, n'a-t-il pas eu aussi pour toi des conséquences philosophiques ? Et si oui, cela s'est-il passé du jour au lendemain, ou bien cela s'est-il annoncé longtemps à l'avance ?

P. S. : Eh bien, j'appartenais à une génération qui, par la situation qu'elle occupait dans son époque, dans la succession des générations, dans ses propres impressions sur la vie, ne pouvait que haïr les enfants. Les enfants dérangent, ils sont bruyants, sales, sans gêne, ils font irruption dans vos conversations, et au bout du compte ils vous font perdre vos meilleurs amis. Cela m'est arrivé, parfois. J'avais de brillants amis de jeunesse avec lesquels on pouvait parler de l'essentiel, de Benn et Adorno, de Bense et de Sartre, de Fichte et Luhmann. Et un beau jour, ils ont disparu derrière les langes et les mères tyranniques. Je pourrais écrire un recueil entier sur les innombrables raisons de refuser les enfants. Et ce n'est pas encore toute la vérité. Dans nos jeunes années, nous étions en passe de conquérir un concept de la sexualité qui n'avait pas de conséquences. C'était bien la liberté, celle dont il s'agissait avant tout à cette époque. La fameuse gauche hédoniste n'avait rien d'autre en tête, elle voulait donner à la société la capacité de se livrer à des orgies. On annonçait une sexualité blanche, ou grise, si l'on veut, une sexualité où l'on se dépensait sans redouter le mois suivant. Mon ventre m'appartient, comme tous mes autres organes, d'ailleurs. En d'autres termes, la sexualité devient la conséquence du fait que les parties génitales sont une propriété privée. Et l'on sait bien ce que les propriétaires privés peuvent faire de leur propriété, ils en ont la libre disposition, les parties génitales sont une chose à laquelle on tient beaucoup en tant que propriétaire, n'est-ce pas ? On ne s'en sépare jamais vraiment, on ne fait que les prêter. Enfin, on les prête, et on se les fait prêter aussi, mais les attributions à long terme constituent plutôt un comportement contraire aux lois du marché. Dans ce système de prêts est apparu quelque chose que l'on appelait la satisfaction. D'un certain point de vue, l'effet en a été superbe. Dans la mesure où il s'intègre à une forme existentielle qui expérimente, ce va-et-vient recèle une vérité importante. Mais le concept de propriété privée de ses parties génitales est bien entendu aussi une idée bizarre, une idéologie déréglée. Car le corps lui-même veut dire autre chose que ce que je veux dire, lorsque je prends quelqu'un dans mes bras.

C. O. : Un moment : qu'est-ce que veut dire le corps quand on prend quelqu'un dans ses bras ? Tu veux dire qu'il veut autre chose que ce que je veux lorsque moi, j'enlace ? Qu'est-ce que cette autre chose que nos corps peuvent vouloir ?

P. S. : La tendance des corps, c'est de mettre en œuvre des actes préparatoires à la reproduction. Car la reproduction est l'opinion corporelle de la sexualité génitale, quoi d'autre ? Si la reproduction ne survient pas, c'est sans doute bien aussi, mais c'est une autre histoire. Personne ne l'a vu aussi clairement que Schopenhauer, pour lequel les individus ne sont que les masques de la volonté de reproduction. L'opinion du sujet, en revanche, c'est le fait que je fasse usage de mon droit de profiter de la vie, comme on le dit si joliment. « L'amour est un passe-temps/ on se sert du bas-ventre pour le faire » fredonne un des personnages d'Erich Kästner dans son roman *Fabian*. Mais pour parler de nouveau sur le plan théorique : chez nous, une perspective individualiste et liée à la propriété entre en conflit avec une perspective qui se situe dans l'histoire de l'espèce. Dans les années 70 et 80, nous avons tout fait, d'abord, pour nier ce conflit et, deuxièmement, pour faire en sorte que la perspective individualiste, celle de la propriété, s'impose.

C. O. : Sans cela, on ne pourrait plus « sauter », on ne pourrait plus traîner librement.

P. S. : Évidemment. Pour moi, la grande découverte a eu lieu lorsque j'ai remarqué qu'avec cet enfant à venir, le syndrome expérimental devenait douteux. En disant cela, je ne renie naturellement pas la moindre journée de ma vie antérieure, j'ai toujours eu un penchant pour les relations profondes et significatives, et il n'y a rien à redire à cela. Mais avec l'enfant... comment dire, un nouvel horizon supplémentaire est apparu. C'était cela, pour moi, la grande surprise. Le fait que j'aie approuvé sans réserve ce qui, jadis, m'aurait paru insupportable.

C. O. : C'était sa nature spontanée ?

P. S. : Absolument spontanée, terrassante. C'était si fort et si clair, jubilatoire ! C'était comme... un matin de la création, je n'exagère rien. Cela renverse toute ta pensée. C'est quelque chose d'étrange. Toute ma socialisation m'avait formé dans une logique apocalyptique, ou tout au plus postapocalyptique ; ces schémas de pensée sont fondés sur l'ancienne théorie critique, qui a affirmé que le monde capitaliste était une fin du monde permanente. Nous avons appris à penser toujours à la fin, ou à la fin ajournée, ou à une fin sans fin. Autant de schémas d'une inconsolabilité acquise, des idées de personnes que leurs expériences ont fait vieillir. Mais je n'avais pas appris à penser les commencements, à penser avec le soleil qui se lève. J'en avais des traces en moi depuis mon retour d'Inde, où j'avais compris que les intellectuels européens ne sont pas capables d'accompagner la vie qui commence, la nouvelle initiative, mais se grisent de déceptions. C'est vraiment autre chose, de contribuer à concevoir et à porter une courbe vitale qui débute et de considérer le monde comme si l'on avait encore une fois les yeux d'un enfant auquel tout, dans un premier temps, est promis. Pas seulement les yeux d'un homme qui reflète trois mille années de civilisation dans sa propre lassitude, dans sa dépression, dans ses tendances au repli...

C. O. : C'est une théorie très romantique de la pensée à partir de l'enfant. C'est sans doute dans l'air, j'entends assez souvent ce genre de récits, depuis quelque temps.

P. S. : Je suis bien forcé de m'accommoder du fait que les expériences positives ont une tonalité romantique. Mais pour en revenir à

95

ta question : le repli d'innombrables personnes sur l'amour, conçu comme une pure activité de contact, un travail relationnel ou une activité de fond, créant des sphères, est tout de même une réponse sage et parfaitement légitime au palier que l'on a atteint dans la grande expérimentation analytique, n'est-ce pas ? Quelqu'un qui a participé au jeu de la modernité, disons un citadin intelligent des années 80 ou 90, ne peut faire valoir que par les relations amoureuses la composante créative du jeu de l'existence, son élément synthétique. Et peut-être aussi par l'art, s'il a le talent nécessaire. Je considère donc que la meilleure manière de décrire la société actuelle, c'est de représenter ses rapports amoureux, car cela répond à la question : que font les « neutrons sociaux » après la décomposition analytique, après le mouvement centrifuge ?

C. O. : On serait tenté de dire qu'après la fuite *loin du milieu* revient le temps de la marche *vers* le milieu. Ce sont les forces centripètes qui se rappellent à notre bon souvenir...

P. S. : Force centripète est l'expression qui convient. Les particules libres se reforment, elles cherchent à présent à revenir vers le centre, elles réclament un milieu, une figure. C'est un appétit de milieu qui s'exprime parmi les particules élémentaires. Mais ces milieux ne sont pas héréditaires, ils ne sont pas imposés par un ancien pouvoir, ce sont des centres décentrés, et c'est cela, l'élément décisif. Ce sont des improvisations au sein des jeux existentiels courants, des jeux dont nous espérons qu'ils ne resteront pas trop fugitifs. Mais à partir de ces nouveaux centres qui se produisent eux-mêmes, il ne se forme plus, pour autant qu'on peut le voir, de courant franchissant de manière autoritaire les barrières des générations, car tout est devenu très expérimental et mobile, cela ne changera pas à l'avenir. La force de la famille classique, capable d'intégrer les petits-enfants dans sa pensée, s'est aujourd'hui éteinte. Dès lors, le concept de la famille ne revient plus aujourd'hui que sous une forme détournée, dans la bouche des politiciens, précisément parce que la politique est aujourd'hui ce qui a le souffle le plus court. La politique ne peut pas être construite sur la volonté de durée, la volonté de décrire un grand arc. Les politiciens pensent par périodes électorales, alors que la famille, si elle mérite vraiment ce nom, devrait être définie comme la volonté locale de puissance d'une forme de vie donnée pour trois générations.

C. O. : Cela paraît aujourd'hui inconcevable...

P. S. : C'est l'utopie d'un continuum né de la liberté.

IX

La mobilisation érotique

C. O. : Tu viens de fournir un inventaire de la manière dont notre société constitue les rapports amoureux, et tu as ainsi établi un lien de filiation entre le nouvel ordre ou le nouveau désordre amoureux, d'une part, et d'autre part la tendance analytique, individualisante de la civilisation moderne. Je voudrais à présent qu'au-delà de ce que nous avons dit jusqu'ici, nous nous hasardions aussi à tenter un regard clinique — en tant que cliniciens ou qu'archéologues des temps modernes, qui se préoccupent de la manière dont on manie l'amour et la sexualité dans notre monde occidental...

P. S. : Le concept d'archéologue du temps présent me plaît mieux que celui de clinicien, car nous ne parlons pas de maladies, mais de passions.

C. O. : Tout de même : est-il si aberrant que cela d'entretenir une espèce de soupçon de maladie contre l'éros moderne ? C'est tout de même un fait : les individus succombent à différents types inconnus de confusion érotique depuis qu'ils ont perdu la protection que leur assurait le tabou. Une érotisation universelle se déroule sur la grande scène de la société, par le biais de la publicité et des médias — le monde devient une sorte de zone pan-érogène narcissique, pour ainsi dire. Baudrillard a très joliment représenté l'opposition entre l'érotisation universelle et la destruction de l'érotisme — par exemple dans son livre *De la séduction*[1], dans lequel il présente l'amour et la séduction comme deux opposés, avec une préférence manifeste en faveur de la séduction, considérée comme un libre jeu des signes. Il en va tout autrement chez Lévinas, qui s'en tient à un concept entier de l'amour : par « amour », il entend la propension à reconnaître la primauté de l'autre sur l'amour-propre.

Que penses-tu de ce lien que j'ai mentionné tout à l'heure entre l'érotisation universelle et la perte de la sexualité ? Bien entendu, en posant cette question, je pense à des phénomènes comme la pornographie et l'érotisme publicitaire, mais aussi cette mode unisexe, cette métaphore de la disparition des frontières entre les sexes. Est-ce que ce ne sont pas les symptômes d'une crise globale du sexuel ?

P. S. : Je veux d'abord comprendre sur quoi, au juste, porte ta question. Ta thèse sonne bien, et cela semble aussi être la thèse

1. Jean Baudrillard, *De la séduction*, Gallimard, 1988.

de Baudrillard : les signes de la sexualité se multiplient, tandis que la sexualité elle-même se délabre. Avec l'inflation des images et l'esthétisation des espaces publics par des signaux érotiques, les individus subissent une castration affective, et l'on voit apparaître — comment puis-je appeler ça ? — une tendance à l'existence asexuée, les gens deviennent obsédés par les images et stériles. Ce n'est pas cela ? Ces dernières années, j'ai assez souvent entendu des sexologues soutenir cette thèse. Ils tirent le signal d'alarme, on les entend pousser ce cri de terreur : le sexe recule, le niveau baisse ! Le vieux Bornemann utilise depuis longtemps des arguments du même style, à côté de beaucoup d'autres. Aujourd'hui, les gens bien intentionnés se font du souci : le monde libre se dessèche, ça a commencé avec le Middle-West, aux États-Unis. Et voilà le tour du bas-ventre...

C. O. : Tu te moques...

P. S. : Non, je veux seulement savoir de quoi nous parlons. Ces mauvaises nouvelles sur le ravage du sexe me paraissent plutôt s'intégrer dans une stratégie globale. On cherche à commercialiser des thérapies et des livres en semant des informations sur des catastrophes écologiques. Les descriptions que nous avons mentionnées correspondent exactement aux nouvelles sur les catastrophes écologiques. Mais lorsque je regarde autour de moi, je vois tout autre chose. Je vois une mobilisation de la sexualité sur tous les fronts. Partout, on se sert de la sexualité, on en fait un élément au sein d'un gigantesque complexe socio-médical. Cela se voit surtout pour la sexualité de ceux qui ont plus de cinquante ans, notamment du côté féminin. Cet effet « Golden Girls » n'est-il pas omniprésent ? Les femmes comme les hommes se débarrassent des définitions biologiques de l'âge. Cela aussi, c'est un triomphe du mythe analytique ; on est aussi vieux qu'on se sent vieux, un Carré noir n'a pas d'âge, il n'est pas né, il demeure éternellement ce qu'il était, un carré sans qualités. C'est un pur fond sur lequel on peut placer n'importe quelles figures, et celui qui peut se modeler une vie sexuelle expansive après la cinquantaine y parviendra sans doute aussi. Je n'y peux rien, mes observations à moi vont dans la direction opposée. Il me semble qu'il existe une mobilisation de la sexualité, surtout sous le signe de la médicalisation. Car le sexe est sain, je ne sais pas, Carlos, si tu as déjà réfléchi à cette question avec tout le sérieux nécessaire. C'est une bonne nouvelle, à laquelle tu ne devrais pas te dérober...

C. O. : Bonne question... Mais à présent, c'est toi qui m'interviewes.

P. S. : Ne ris pas, Carlos, il se pourrait que nous devions changer notre manière de penser. Malgré notre différence d'âge, nous appartenons tous les deux à la même génération démodée, une génération qui a vu dans la sexualité quelque chose de très profondément ruineux, d'honorablement ruineux, certes, mais tout de même...

C. O. : Et pour ce qui me concerne, une chose entachée de péché, en tant qu'Espagnol...

P. S. : Ruineux et entaché de péché, c'est cela ! Nous avions été préparés à l'idée que la sexualité est le début de notre chute... mais cette chute était considérée comme notre chance.

C. O. : Toi aussi ? Avec ton éducation protestante ?

P. S. : Eh bien, dans la sous-culture luthérienne dont je suis issu, les choses se sont d'abord faites un peu plus en douceur. Ces pulsions étaient interprétées comme un don du ciel, un supplément à notre vie décente — un plaisir terrestre en Dieu. Malgré tout, la pression a rapidement monté dans la marmite. En 1968 au plus tard, la théorie anarcho-romantique de la sexualité était en plein essor. On disait à ce moment-là que celui qui ne se ruinerait pas par la voie sexuelle, celui qui ne se consumerait pas jusqu'au trognon, celui-là ne vivrait pas correctement. C'était...

C. O. : ... la fameuse libération.

P. S. : Et le devoir de s'échiner pour l'Homme nouveau.

C. O. : L'accomplissement de soi.

P. S. : Nous étions partis des définitions de Wilhelm Reich, et nous pensions que la libido coulait à gauche. Pour comprendre ce qui se passe aujourd'hui, il faut se sortir de la tête cet érotisme du flot et les mythes qui l'accompagnent, on annonce quelque chose d'absolument différent, quelque chose qui n'a plus rien à voir avec notre modèle héroïque et ruineux de la sexualité en forme de feu d'artifice. C'était pour nous une partie de la contre-culture, le front hormonal de la grande révolution. Elle était merveilleusement malsaine et maudite, hantée par des faunes aux cheveux longs. Mais il faut pouvoir oublier tout cela si l'on veut comprendre quel style sexuel est aujourd'hui en vogue : c'est un style médicalisé, diététique, imprégné d'esprit sportif. L'orgasme est de droite : c'est cela, l'expérience-clef du postmoderne. D'ailleurs, je te rapporte aussi ces impressions d'Amérique, où j'ai vécu pendant un an, en 1990, comme *fellow* dans un collège de New York. Ce que j'ai vu, du coin de l'œil, sur l'activité érotique sur le campus, va tout à fait dans cette direction.

C. O. : Le sexe comme sport.

P. S. : Sur le campus, on fait la différence entre les sports avec ou sans *body contact*.

C. O. : Le sexe serait donc une gymnastique génitale avec *body contact*.

P. S. : Et par conséquent un sport d'équipe, un jeu qui requiert l'esprit collectif. En Amérique, toute l'affaire devient excitante parce qu'on peut demander, après coup, si c'était un viol ou si ça n'en était pas un.

C. O. : La *political correctness*, par-dessus le marché !

P. S. : Doucement, c'est un autre sujet, je ne lierais pas aussi directement la *correctness* et le sexe, parce que dans mon analyse, la *political correctness* est quelque chose de totalement différent que ce qu'en font les intellectuels européens.

C. O. : D'accord. Mais en l'occurrence, je parlais du domaine sexuel.

P. S. : Je pense que là aussi, il s'agit d'autre chose. Les Américains ont découvert une possibilité d'utiliser de nouveau la sexualité pour faire peur. C'est ce qu'il y a d'intéressant dans l'hystérie américaine : la perspective des conséquences juridiques a ramené la sexualité et la peur dans une conjonction positive. Une ultime résistance à l'entropie érotique, n'est-ce pas ?

C. O. : On peut aussi voir cela d'une tout autre manière : comme une nouvelle variante de l'hypocrisie puritaine anglo-saxonne. Derrière elle, il y a ce plaisir tordu de transformer le naturel en quelque chose d'extrêmement complexe. Mais revenons à notre argument. Si je te comprends bien, tu veux dire que la découverte de l'angoisse dans le contact sexuel pourrait être une valeur positive. On dirait que tu veux attribuer à la sexualité une dimension ontologique.

P. S. : Je ne plaide pas pour l'angoisse en tant que telle. Dans un contexte spécifique, elle représente le respect, porteur d'un sens de vérité, devant une dimension qui sort de l'ordinaire.

C. O. : On pourrait cependant aussi le voir sous un angle négatif et dire qu'il s'agit d'une évolution perverse. Il existe des féministes américaines radicales — certaines sont traduites en allemand — qui affirment sans détour que toute pénétration de l'homme équivaut toujours et partout à un viol.

P. S. : C'est une thèse pleine de délicatesse. Il y a une chose qui saute aux yeux là-dedans : les auteurs sont des pénétratrices très efficaces. Avec leur thèse pointue, elles ont pénétré les médias, elles sont entrées dans notre cerveau sans qu'on le leur demande, dans cette zone intime qui a une bien trop grande tendance à aspirer, elles nous ont injecté un chargement d'information que nous retenons et dont nous n'arrivons pas à nous débarrasser, même sous la douche. Et le plus important, c'est qu'elles ont fait en sorte que nous citions leur attaque. C'est très exactement l'esprit des discours hystériques — c'est la raison pour laquelle on ne peut pas y répondre sur le fond.

C. O. : Bien, dans ce cas, passons aux dimensions positives !

P. S. : Très brièvement : au moment où il a perçu le fait que les parties génitales étaient propriété privée, l'individualisme américain a enfin cessé de ne plus considérer l'aspect juridique des choses. Nous entrons dans le stade de la pénalisation des transactions génitales. Si Sigmund Freud a dit, en son temps — dans une lettre à Fliess, je crois —, qu'il s'habituait à l'idée d'interpréter toujours une relation amoureuse entre deux personnes comme une affaire qui en concerne quatre — il discernait bien entendu, en arrière-plan, les

105

modèles de partenariat amoureux fournis par les parents —, on est forcé de dire aujourd'hui que nous avons nous aussi de bonnes raisons pour interpréter n'importe quel acte amoureux entre deux personnes comme une affaire qui en concerne quatre. Car sur les deux rebords du lit, encadrant les deux partenaires, on trouve déjà leur avocat respectif.

X

Critique du pur apogée

C. O. : Une dernière question sur cette problématique. Elle plonge un peu plus profondément, elle touche une strate intemporelle, dans une certaine mesure : la réflexion sur l'élément excessif, anxiogène et transcendant de la sexualité n'est pas absente du contexte de la philosophie contemporaine. Je pense à Foucault, mais singulièrement à Georges Bataille, deux auteurs qui appartiennent au champ intellectuel où tu évolues. Le lien entre l'excès sexuel et la connaissance éthique a été abordé par Foucault, dans un style qui relève plutôt de l'analyse de la société et du discours, et par Bataille, sous un angle plus ontologique, et même théologique...

P. S. : Ou plutôt athéologique !

C. O. : Peut-être athéologique, et avec la volonté de prolonger l'excès charnel par un excès littéraire — ce en quoi Bataille est sans doute, au bout du compte, resté prisonnier de l'horizon chrétien qu'il voulait dépasser. Que penses-tu aujourd'hui de cette thématique ? N'avons-nous pas découvert un horizon situé au-delà de l'accomplissement sexuel ? Dans l'orgasme, pour parler à présent de manière réifiante, ne voit-on pas apparaître quelque chose qui dépasse l'accomplissement ? Tu as toi-même beaucoup réfléchi aux phénomènes du franchissement des frontières, de la mystique et de la transgression, pas seulement dans le domaine chrétien, mais aussi dans la tradition orientale...

P. S. : Peut-être tous ces ensembles ne me sont-ils pas totalement étrangers. Voilà ce que je voudrais dire à ce propos : nous autres, Européens, en raison de notre code métaphysique et de nos conditionnements religieux millénaires, nous sommes condamnés à croire aux apogées. Nous sommes, dans une proportion incroyable, une espèce qui croit aux apogées, et cela vaut encore de nos jours, même si, en surface, l'élément religieux et métaphysique paraît neutralisé. La pensée sous forme d'apogées est une manière d'être culturelle très profondément ancrée chez nous. Nous n'avons jamais remis en cause cet aspect de la métaphysique. Aujourd'hui, tout naturellement, cette foi dans les apogées est mise en scène comme une quête d'apogée sexuel, puisque l'on ne peut plus citer sans autre forme de procès les sommets extatiques métaphysiques ou spirituels. L'apogée sexuel est le seul auquel on puisse spontanément apporter sa propre contribution, même si nous savons qu'en la matière, faire et éprouver ne signifient pas la même chose.

C. O. : C'est vraisemblablement de là que proviennent la plupart des idéalisations.

P. S. : Parce que, justement, nous menons dans l'érotisme nos dernières batailles métaphysiques. La sexualité est le dernier bastion de cet *habitus* des Européens, qui consiste à toujours justifier la vie par des apogées. Il suffit pour s'en convaincre de feuilleter à rebours, sur quelques siècles, le catalogue de nos traditions. Nous plongeons immédiatement dans une situation culturelle générale, au sein de laquelle les gens n'avaient pas une aussi grande foi en l'orgasme que celle qu'ils ont aujourd'hui. En revanche, ils croient dans l'au-delà, ils sont accessibles au ravissement, ils ont la piété de la mort. Le point décisif, c'est qu'avant les temps modernes, la mort était en soi une grande affaire — car agoniser, dans un monde marqué par la métaphysique, c'est toujours un point culminant, le retour des âmes à leur source, en Dieu, et aussi effroyables que puissent être les circonstances, chaque mort est une mort qui mène vers le haut. On meurt par le haut, pour autant que les circonstances ne signifient pas une disparition dans l'infernal. Mais les temps modernes ont dédramatisé la mort, sur le plan métaphysique. Elle continue, bien sûr, à toucher les témoins, mais elle a perdu son lien avec ce que l'on considère comme le point le plus élevé. En outre, aujourd'hui, au moins sur les images, les décès paraissent légers comme des plumes, la télévision nous offre chaque jour notre douzaine de bonshommes qui passent l'arme à gauche, autant de liquidations indolores. Le message qu'on nous envoie ainsi n'est pas neutre : la fin n'apporte pas d'élévation, c'est une élimination sèche, on bascule hors de l'image, on meurt par le bas. C'est la raison pour laquelle la mort ne se prête plus, comme jadis, à interpeller le sens métaphysique résiduel, le sens du sommet. Il ne reste donc plus que le sexuel, comme dernier anonyme de la foi métaphysique dans les points culminants.

C. O. : Et la sexualité serait ainsi, elle aussi, une représentante profane de la transcendance.

P. S. : Une faible représentante, parce que son « apogée » ne constituait pas en lui-même une fin. Les hommes du Moyen Âge ont toujours considéré l'apogée comme la fin, et la fin comme un apogée — toute leur foi reposait sur cette équation, et la métaphysique classique fournit la justification de cette croyance. Nous, en revanche, en tant que sujets modernes, nous voulons un apogée...

C. O. : ... sans fin ?

P. S. : ... avec un lendemain. Tout, sauf un apogée sans fin !

C. O. : Pourquoi ris-tu ?

P. S. : Parce qu'un apogée sans fin ne serait pas un accomplissement, mais une manière de se décharger jusqu'à l'apoplexie. Cela, les modernes n'en veulent pas, pour rien au monde. Nous avons dissous la liaison entre l'apogée et la fin pour nous libérer de l'apocalypse érotique. C'est la raison pour laquelle la société moderne a dû briser l'enchantement métaphysique et abjurer la mort par amour. Nous voulons l'apogée, oui, mais l'apogée avec un « après ».

C. O. : Vive l'après ! Et l'encore-une-fois !

P. S. : Il en est ainsi ! Demain, qui sait, c'est de nouveau un samedi long[1], les boutiques sont grandes ouvertes, nous voulons des apogées dans d'autres circonstances et sur une autre fréquence. En tout cas, la vache sacrée de l'apogée est bien à l'abri dans l'étable, elle est grasse et décorée — nous ne négligeons rien pour lui garantir une existence superbe. Nous ne sommes méfiants que sur un point : nous n'aimerions pas que l'apogée et la mort soient de nouveau placés dans une résonance positive, ce serait du fondamentalisme en matière d'érotisme. La séparation moderne de l'apogée et de la fin, considérée globalement, nous fait perdre de l'altitude. Mais il serait déplacé de se plaindre, ce que nous avons devant nous, c'est le plan incliné de la vie toute simple, là, les choses vont joyeusement vers l'avant et vers le bas, la question de savoir s'il existe une vie après le sommet ne pèse pas lourd. Évidemment, qu'il y a une vie après, on y glisse doucement, ô oui, il y a une descente admirable,

1. C'est-à-dire, en Allemagne, un samedi où les magasins sont ouverts l'après-midi. *(N.d.T.)*

et des perspectives de rêve, surtout dans le tiers supérieur.

Si l'on quitte l'Europe en se dirigeant vers l'Est, on tombe sur des cultures au sein desquelles le type de croyance dans les apogées que nous avons décrit ici n'a jamais existé. Dans les tristement fameux exercices de la sexualité tantrique, l'Inde a certes elle aussi mis au point un culte de l'expérience sexuelle limite, mais ce culte symbolise tout autre chose que la dépense dionysiaque de l'homme occidental, cette apocalypse génitale. Les tantriques ne s'efforcent pas tant d'atteindre un sommet aigu qu'une vallée profonde sans bornes. Ce sont les anciens Chinois qui ont posé le contrepoint absolu au chemin occidental ; ils ont créé une culture dans laquelle on ne croit pas au dur, au rapide, au violent. Ils laissent la chose se dérouler très lentement, ils évoluent dans le delta de Vénus comme des poissons fatigués, un peu désorientés, cela peut durer des heures, on s'ébat dans le semi-rigide, il n'y a pas de place ici pour notre culte du déchargement, pour la jouissance de soi dans la combustion accélérée. L'Occident a fixé sa dynamique apocalyptique sur les parties génitales, il a, pour ainsi dire, plaidé en faveur d'une mobilisation érotique infinie, on peut même dire que l'homme occidental préfère une fin dans la terreur à un rapport sexuel sans fin.

C. O. : Je meurs de rire.

P. S. : Mais justement, tu es le dernier tenant de la mystique espagnole, Carlos, un ibéro-apocalyptique typique.

C. O. : Ah bon, si tu le dis... Tout de même, je trouve très éclairante la manière dont tu as expliqué toute cette affaire. Mais ce à quoi je voulais en venir, c'était à la question de savoir si l'on ne pourrait pas concevoir l'orgasme comme l'élément de cristallisation d'une certaine ambiance débridée, comme une extase dans laquelle nous prendrions conscience de nos propres frontières corporelles au fur et à mesure qu'elles s'estompent. Et cela, il me semble, c'est le contraire de la fixation vulgaire sur l'apogée.

P. S. : Carlos, tu viens de toucher le point le plus sensible. Pourquoi avons-nous élevé la sexualité à un palier aussi haut en 1968, pourquoi, sur la scène idéologique de l'époque, a-t-elle pris cette place centrale ? Parce que nous cherchions une réponse de gauche au sombre existentialisme de la vieille droite. Pour ce qui concernait l'être-à-la-mort, plus personne ne pouvait en apprendre à ces vieux messieurs, ils émergeaient des temps passés comme des oiseaux échappant à la marée noire : sauvés, mais pas démazoutés. Ce que nous cherchions — ce ne sont bien sûr que des formulations rétrospectives —, c'était un existentialisme clair. La sexualité s'est alors proposée comme une sorte d'existentiel de fête — en heideggerisant : être-là signifie répondre à l'appel de la chair. Nous voulions provoquer l'instant exubérant dans lequel l'existence se célèbre dans son unicité, dans une série d'unicités du plaisir. Il en est résulté une politique romantique du respect de toute vie et de tout plaisir. Ce sont des idées typiques de 1968, Ginzburg les a peut-être incarnées de la manière la plus impressionnante, dans un contexte bouddhiste, soit dit en passant — une fusion intéressante d'éléments judaïsants et bouddhistes, avec en son centre un culte existentialiste de la libération sexuelle. L'orgasme — c'est bien ce qui t'intéresse, à travers le masque ontologique, non ? —, on l'élevait sur un piédestal, mais pas en tant qu'épisode biologique, comme aujourd'hui, où la vie est une catégorie de la médecine sportive, mais comme un monument de la liberté humaine, n'est-ce pas. Bon, je sais, tout cela, aujourd'hui, ça fait un peu guerre des Gaules...

XI

Dans l'œil du cyclone religieux

C. O. : Peter, à une certaine période de ton évolution, tu as aussi travaillé sur les religions. Notre entretien a sans doute montré dans quelle mesure une partie de ce travail a été une réaction à des conflits survenus dans l'histoire de ta propre socialisation. Je ne voudrais plus prendre la question sous l'angle de la biographie, ni sous celui de l'histoire contemporaine, mais plutôt dans une perspective philosophique. Ce qui m'intéresse à présent, c'est ta position théorique à l'égard de la religion. Comment te situes-tu aujourd'hui face au phénomène religieux, pour m'exprimer avec une imprécision volontaire ? Tu associes, me semble-t-il, la conception chrétienne et occidentale à des perspectives extra-européennes. Il me semble que si cet ensemble de thèmes est aussi important, c'est parce que le public a gardé de toi le cliché de l'homme parti pour les Indes, du sympathisant d'une secte spectaculaire. Même si, pour toute personne qui lit tes livres, il est parfaitement évident que tu te situes ailleurs depuis longtemps. Peux-tu nous expliquer un peu tout cela ?

P. S. : Tu me demandes quelle est mon attitude face au monde de la religion ou — comment as-tu dit, déjà ? — du phénomène religieux. Je te répondrai par une autre question : comment peut-on avoir une attitude face à la religion ? Cela me rappelle une anecdote sur le procès d'un anarchiste à la fin du XIXe siècle à Paris, où le juge demande : « Accusé, admettez-vous que vous étiez posté ici, derrière un réverbère ? » Ce à quoi l'accusé répond : « C'est impossible, monsieur le juge, avez-vous déjà vu l'arrière d'un réverbère ? » Il y a donc un problème de lieu. Je préférais commencer par parler du champ religieux, ou, de manière plus ambitieuse, du pôle génératif du religieux. Si j'étais méchant, je parodierais ta formulation : je pourrais dire que je ne me situe pas face au champ religieux, que je suis en son milieu, je m'y suis perdu, je ne peux donc pas me situer par rapport à lui. Je suis tellement à l'intérieur que la religion a disparu. La religion se perd lorsqu'on se perd en elle. Je vis dans l'œil du cyclone des religions — c'est un point de vue qui transcende les religions manifestes. Bref, dans le meilleur des cas, je me situe à l'endroit d'où elles viennent, au point d'où l'on formule des religions positives. Tous les êtres humains se situent d'abord là-bas, où seraient-ils autrement ? Les nouveau-nés n'ont pas encore de religion, et plus d'un vieux renard a perdu la sienne. Selon mon analyse, les religions se forment dans un champ constitué d'un processus psychique

tripolaire primaire ou nucléaire, de la méditation qui épure et de la mise en symbole qui
permet la communication ; que je le veuille
ou non, je me déplace constamment dans cet
espace. On pourrait tout aussi bien dire qu'il
s'agit de la zone des sources, celle d'où proviennent les grands récits, ces histoires mondiales sur le premier trouble et la première
réparation. C'est une région dans laquelle la
logique et le lyrique ne se distinguent pas
encore l'un de l'autre et où jaillissent les poè-
mes des peuples sur l'image du monde. Mais
comprends-moi bien : les religions écrites me
sont plus ou moins étrangères, elles me
paraissent aussi bizarres et fermées qu'à la
plupart des Européens modernes, qui ne ressentent plus grand-chose du besoin confes-
sionnel. Sur ce point, je ne suis ni plus, ni
moins qu'un pratiquant du mythe analytique
— j'ai démonté mon propre code religieux.
J'ai fait, avec des moyens occidentaux, quelque chose d'analogue à ce que les bouddhistes font avec les outils de l'Orient. Le
bouddhisme, lui aussi, anéantit le monde
métaphysique des représentations. Du reste,
l'analogie entre l'analytique occidentale et la
spiritualité orientale n'a pas frappé que moi,
beaucoup l'ont relevée ; j'ai eu tout récemment sous les yeux des textes de philosophes
des religions américains, qui proposent une
lecture bouddhique et plus précisément
mahayanique du déconstructivisme de Derrida. Je comprends les courants qui portent
ces idées. Des exercices de théorie comme
celui-ci, les usagers de la foi n'en ont pas
beaucoup. Mais ceux qui mettent en œuvre
des principes analytiques en tirent des profits
gigantesques.

C. O. : Mais dans ce cas, l'idée que tu te fais de la religion sort de l'ordinaire, et elle n'a pas grand-chose à voir avec le christianisme, l'islam, le judaïsme ou l'hindouisme...

P. S. : Cet écoumène positif est moins important à mes yeux parce que je ne suis pas moi-même un positif, enfin, pas ce que j'appelle un usager de la foi — les personnes concernées préféreraient sans doute qu'on utilise à leur propos le terme de croyants. Les usagers de la foi sont des gens qui sont nés dans des religions achevées, ou s'y convertissent. J'ai plus le sens de l'écoumène de la négativité, j'y vois plutôt des convergences entre un naturalisme négatif ou un nihilisme illuminé, dans le style de Derrida et de moi-même, d'une part, et d'autre part l'analyse bouddhiste ou tantrique. Sur ce point, il n'y a pas de thèse, pas de position, pas de situation fixe, rien de domestique.

C. O. : Pas de dogme.

P. S. : Les dogmes sont des programmes pour usagers de la foi, c'est-à-dire pour clients de religions achevées, c'est la raison pour laquelle ils n'entrent pas en considération lorsqu'on étudie les styles modernes de l'intelligentsia.

C. O. : Mais comment pourrait-on imaginer un concept de religion sans dogme ?

P. S. : Je ne saurais pas bien par quel bout prendre un concept comme celui de « religion sans dogme ». Je crois qu'il existe de meilleures manières d'aborder ce problème.

Laissons donc aux concrétions positives de la foi, où que ce soit dans le monde, le beau et vieux nom de religion — dont j'ignore du reste la signification, car la traduction par « re-liaison » séduit plus les piétistes que les linguistes. Mais peu importe, reconnaissons aux religions le droit de constituer des communautés de conviction et de culte métaphysiques — car cela fait partie de leurs fonctions, Luhmann a écrit à ce sujet un livre d'une intelligence presque impénétrable[1]. Et l'on ne voit pas bien comment on pourrait concevoir l'histoire antérieure de l'humanité sans les religions — sans même parler, pour l'instant, de son éventuelle histoire future. Mais tout le monde ne peut pas et ne doit pas participer sans autre forme de procès aux concrétions positives de la foi, surtout pas les philosophes. Les philosophes n'ont pas la tâche facile lorsqu'on aborde les questions liées à la participation, et ces difficultés sont normales et nécessaires, parce que leur vocation est analytique. Nous sommes exclus des communautés de la foi et du culte, c'est pour nous un exil agréable, mais notre droit civique sur le terrain des scènes primitives et du protosymbole, celui d'où l'on puise le religieux, n'est pas concerné par cette situation. Si un intellectuel ne veut pas succomber aux goulots d'étranglement typiques de la modernité vulgaire, il devrait de temps en temps s'imaginer, à titre expérimental, qu'il est lui-même fondateur ou vecteur d'une vision du monde destinée à dissoudre toutes les religions. Quelles tâches devrait-on accomplir si

1. Niklas Luhmann, *Funktion der Religion*, Francfort, 1982.

toutes les religions s'éteignaient et si leur héritage était repris, avec le moins de déperdition possible, dans les jeux libres et informels de l'existence ? Il me semble que cela produirait un concept transclassique très riche de la philosophie créative, considérée comme une poétique de l'existence.

C. O. : Peux-tu décrire, dans ses grandes lignes, la pensée fondamentale à laquelle tu te référerais si tu devais justifier ta répulsion à l'égard des formes religieuses codées positivement, que ce soit dans leur variante occidentale ou dans leur variante orientale ?

P. S. : On pourrait douter du fait qu'il existe une seule pensée fondamentale susceptible d'exprimer tout ce que j'entends par là. Mais il existe peut-être une scène, une seule, avec laquelle je peux expliquer l'essentiel. Tu connais l'adaptation au cinéma du roman *Ben Hur*, avec Charlton Heston ? Alors tu te rappelles peut-être l'épisode où Ben Hur, devenu esclave dans une galère, se retrouve dans la bataille navale entre les corsaires macédoniens et la flotte romaine, sous le commandement du tribun Je-ne-sais-qui ? Il se passe alors quelque chose qui est suffisamment étrange pour déclencher la question de la religion. Le tribun — je crois qu'il s'appelait Arrius — a remarqué Ben Hur. Avant la bataille, il donne un ordre mystérieux : « Détachez le numéro 41 ! » Il me semble qu'il y a là-dedans tout ce que l'on devrait savoir lorsque l'on parle de religions à notre époque. Je le dis, mes ambitions en philosophie de la religion s'arrêtent précisément au point où l'on en a besoin pour interpréter cette

120

scène. À mes yeux, le film reproduit ici la scène primitive du religieux à l'époque des empires antiques. On peut pour l'instant négliger la problématique du kitsch. Voilà ce qui se passe : lorsque nous parlons aujourd'hui de religion, nous pensons d'abord et dans la plupart des cas à des doctrines spirituelles qui se préoccupent des destins des individus à l'ère des anciens et des nouveaux empires. Si, donc, l'empire est le destin, quelle instance supra-impériale protège de sa main les individus oubliés ou violés par le pouvoir ? En un mot, une théorie de la religion suffisamment puissante serait pour moi celle qui déploierait toutes les implications de la phrase : « Détachez le numéro 41 ! » Les religions m'intéressent avant tout en tant que pratiques permettant de se libérer des chaînes — en règle générale, la théologie et le dogme emploient ici le terme de rédemption ou de salut. Comment l'esclave arrive-t-il à quitter son banc de rameur ? C'est la question d'entre toutes les questions, et la réponse qui s'esquisse dans le contexte de Ben Hur est la suivante : il est libéré parce qu'une personne ayant le pouvoir de défaire les chaînes se manifeste. D'un point de vue théologique, cela signifie : celui qui détache la chaîne est le rédempteur. Et dès que ce point est établi, nous pouvons poser la question des chaînes en général. Il existe du reste un important traité du philosophe de la Renaissance Giordano Bruno, *De vinculis in genere* (« Des liens en général »), un texte qui, au moins dans son titre, s'approche de très près de notre problématique, même si Bruno, sur ce point, évolue sur d'autres chemins. Il s'intéresse au champ du lien et du détachement

121

dans une perspective psychotechnique et mnémotechnique[1]. Les chaînes en général, celles auxquelles je pense, ont plus de rapports avec les chaînes que Ben Hur porte aux pieds. Il y a là les chaînes des esclaves, bien concrètes, il y a ces chaînes d'ordres qui courent du Capitole, à Rome, jusque dans les provinces africaines, asiatiques, espagnoles ; il y a des obsessions démoniaques, il y a des passions qui vous mettent en esclavage, il y a des dépendances à l'égard d'une misère antique, et les chaînes qu'impose le devoir de vengeance — tu te rappelles, Ben Hur finit chrétien parce que pendant la crucifixion du Seigneur, il sent la haine, l'obligation de se venger, s'évaporer à l'intérieur de lui-même ; à cet instant, il descend aussi de sa galère juive propulsée par l'idée de la vengeance. C'est cela, le message, et cela arrache les larmes au public. Là où il y a des chaînes, ceux qui défont les chaînes peuvent donc se rendre utiles. La libération chrétienne, la rédemption, c'est-à-dire le rachat, est une métaphore commerciale qui provient du marché aux esclaves antique ; elle implique l'idée que le mal est un marchand d'esclaves que le bon acheteur peut forcer à céder sa marchandise. Les rédempteurs, toutefois, ne s'occupent plus seulement de déchaîner les autres, mais aussi de les rattacher, et nous en arrivons ainsi à la question que tu m'as posée. Je suis certain qu'aujourd'hui, on peut mieux comprendre les religions de la rédemption

1. Le texte a paru récemment, pour la première fois, dans une version allemande : « Über fesselnde Kräfte im allgemeinen », in *Giordano Bruno, ausgewählt und vorgestellt von Elisabeth von Samsonow*, édité par Peter Sloterdijk, Munich, 1995, p. 166-228.

qu'elles ne se sont comprises elles-mêmes. Historiquement, elles appartiennent au monde des empires et de leur économie psychologique interne. Mais la forme actuelle du monde évolue vers des structures postimpériales, et il existe donc de bonnes raisons de se détacher de ces traditions religieuses, même si elles sont souvent impressionnantes.

C. O. : Dans quelle mesure comprenons-nous mieux les religions, aujourd'hui, qu'elles ne se comprenaient elles-mêmes ?

P. S. : Nous observons d'un œil plus tranquille la manière dont les détachements se transforment en nouveaux liens, comment le fait de défaire ses chaînes conduit à s'attacher par de nouvelles chaînes. Au début, en réalité, la délivrance était un simple changement de maître — on peut encore le lire dans les vieilles formules de baptême chrétiennes. Au premier instant, les délivrances sont évidemment irrésistibles, elles apportent une respiration et un meilleur engagement. Les hommes sont libérés des nefs des fous que sont leurs vieilles communautés de misère, ils prennent de la distance avec leur famille, leur clan, leur tribu et leur peuple, ils se détachent des communautés totalitaires fondées sur l'ivresse et des collectifs imposés au nom de la parenté, où la naissance et le sang font tout. J'appelle cela le monde des cordons ombilicaux — on compte aussi dans cette catégorie leurs prolongements dans des enchaînements spirituels et coutumiers invisibles, à partir desquels sont tissées les trames nationales. Il serait tentant de dire que le cor-

don ombilical est la mère de toutes les chaînes, et qu'en conséquence, les religions de la
délivrance seraient le prolongement de la
coupure du cordon ombilical par d'autres
moyens. En entrant dans les communautés
qui assurent cette délivrance, cette rédemption, les individus se libèrent et quittent leurs
galères familiales, seigneuriales, nationales
— ils entrent dans un nouveau type de commune, celle des affranchis. Ils constituent
désormais un peuple pneumatique, un peuple
de détachés parmi lesquels il n'existe plus de
liens de parenté horizontaux. Ce qui les relie,
tous, c'est une parenté verticale avec le dieu
qui les a tous émancipés à titre individuel.
Cela produit le modèle primitif de la société
multiculturelle — le peuple de ceux qui ont
le même rédempteur, ou, en termes modernes, qui ont vécu la même révolution. On
peut évidemment discerner dans ce modèle
un puissant potentiel utopique — les communes paléochrétiennes et leurs résurgences
en ont fait des cantiques. Aux sources de
l'Islam, qui a une impulsion radicalement
égalitaire, il doit exister quelque chose d'analogue. Je ne connais pas suffisamment les
implications sociologiques de l'idée bouddhiste de la commune, la *sangha*, pour dire
quelque chose de consistant à son propos,
mais il me semble qu'elle aussi a ce trait
méta-tribal. L'agaçant, pour les modernes,
c'est d'abord le fait que ces para-peuples ou
sur-peuples pneumatiques, ces peuples de
l'esprit et du dieu, ces communes de personnes détachées de leurs chaînes, deviennent
très vite, pour leur part, de nouveaux por-
teurs de chaînes. C'est notamment le cas du
catholicisme romain. S'il en allait autrement,

le mot d'Église n'aurait pas une tonalité aussi abrutissante, au terme de deux millénaires d'expérimentation avec ce que l'on appelle les délivrances. Ces groupes de libération constituent de nouvelles nations, de nouvelles galères, des nefs des fous, des despotismes de l'encensoir, des partis en guerre... Aux XVIe et XVIIe siècles, l'Europe n'était plus qu'un gigantesque champ de bataille pour les armées des différentes confessions — en termes psychanalytiques : des hystériques et des névrosés d'obsession armés se tapent dessus dans l'intention d'imprimer leurs propres symptômes à l'adversaire. Face à de telles évolutions, les Lumières modernes ont eu raison d'affaiblir ces communautés religieuses fanatisées, jusqu'à ce que, au moins, les guerres civiles de confession deviennent impossibles. Pour l'obtenir, les Lumières devaient proposer un concept alternatif, non religieux, de la liberté. Elles ont donc posé en axiome l'idée que la source de toute liberté est la libération de soi. Les rédempteurs et leurs vicaires se retrouvent ainsi au chômage. Tout le champ délimité par la nécessité d'avoir une aide extérieure est ainsi plongé dans la pénombre, le sujet moderne fait tout lui-même, et selon la doctrine officielle, s'il peut le faire, c'est aussi en raison de son autonomie innée et inaliénable. Les Lumières étaient forcées de reconnaître immédiatement la souveraineté aux individus, pour ne plus jamais faire surgir la dictature des rédempteurs.

C. O. : Je tente de te suivre. Dans le contexte de tes déclarations, le terme « libération de soi » sonne étrange à mes oreilles — presque cynique. Car ou bien il existe de véritables chaînes, et l'enchaîné a effectivement besoin d'un auxiliaire pour se libérer, ou bien il n'y a jamais eu de véritables chaînes, mais dans ce cas, l'expression « libération de soi » est elle aussi une bulle de savon. N'y a-t-il pas une contradiction interne, d'emblée, à concevoir le projet de temps modernes en se fondant sur la libération de soi ?

P. S. : Effectivement, parce que les Lumières supposent ce que l'on ne doit pas supposer, la souveraineté de l'individu. C'est l'illusion entre toutes — elle est peut-être nécessaire, elle est peut-être indispensable pour la culture moderne, mais c'est une terrible chimère. On pourrait décrire cela comme la fiction qui permet le bon fonctionnement de la société moderne. Aujourd'hui, les gens sont *en soi* libres et souverains, et basta. En pratiquant ainsi, on met un terme à toute l'histoire de la liberté, par un saut dans une souveraineté fictive. Et ce saut présente un avantage : deux mille ans de christianisme, deux cents ans de révolution permanente — on voudrait voir des résultats, on est las de cette interminable préparation à la liberté. La fin des chaînes, la rédemption, la libération, le salut, la réconciliation : pour quelqu'un qui veut des résultats, ce sont des concepts frustrants, je dirais même des expressions pénibles. Les rédempteurs n'ont jamais fait que nous préparer de différentes manières à la liberté. Il s'agit de faire croire qu'on l'a atteinte. C'est le sens de toutes les simulations. Là où s'achève l'histoire de la religion débute l'histoire du design. Nous voilà d'ailleurs revenus au commencement de notre entretien, car tes fameux nouveaux nomades, maintenant que toutes les histoires de libération sont arrivées à leur terme, sont seulement des gens condamnés à simuler la souveraineté — c'est cela, la situation. L'individu souverain, toujours un pauvre cochon, mais déjà le roi de la mode.

C. O. : Tu penses à Lagerfeld and Co. ?

P. S. : Je pense à tout le monde.

C. O. : Mais au moins pour ce qui concerne l'idéal, ta caractérisation décrit le citadin actuel, celui qui est entraîné dans le sillage de la belle illusion. Dans l'imaginaire collectif, les top models ont même dépassé les stars du cinéma. Soit dit accessoirement : ce serait peut-être une très bonne chose que ce que tu viens de décrire soit entendu dans les milieux où l'on continue à dénoncer en toi l'adepte d'une secte.

P. S. : Certains ont gardé mes excursions en Inde gravées dans leur esprit, pourquoi donc, au juste ? Ce n'est peut-être pas aussi bête que cela semble l'être au premier regard. Il est possible que le soupçon nourri par certaines personnes dissimule une question à laquelle j'aurais dû répondre. Il est possible que je doive encore certaines choses à quelques lecteurs. J'aurais sans doute dû écrire un essai sur Poona ou un roman de formation. Un peu comme l'a fait John Updike, qui a utilisé l'excursion du mouvement Bhagwan en Oregon comme arrière-plan d'un livre plein d'esprit, intitulé S[1].

1. Gallimard, 1991. *(N.d.T.)*

C. O. : De quoi aurait traité un tel essai ?

P. S. : De deux choses. D'abord des expériences que j'ai faites avec l'homme qui s'appelait à l'époque Bhagwan Shree Rajneesh, et ensuite d'une théorie à la fois critique et positive de la secte, comme forme de transition psychique et sociale.

C. O. : Peux-tu résumer cela brièvement ?

P. S. : Qu'il n'y ait pas le moindre doute : je considère encore que Rajneesh est l'une des plus grandes figures de ce siècle — c'était un homme d'esprit, d'énergie, doté du sens du jeu, nous n'en reverrons plus jamais comme lui. C'était le Wittgenstein des religions, car il a radicalement décomposé les jeux de langage des religions universelles, il l'a fait avec une exhaustivité exceptionnelle et avec la cruauté que confère la familiarité avec les ficelles de la religion. Il a tout déconstruit et tout répété ; il l'a fait en supposant, à juste titre ce me semble, que la seule manière d'étudier la religion est de pratiquer des jeux de religion actifs. L'Occident est resté coincé dans une critique purement fondée sur le rejet, on pourrait dire dans une critique de la religion passant par la distance, l'oubli et l'ignorance. Rajneesh a suivi le chemin opposé, il a dépassé les religions positives par des jeux de religion expérimentaux, et les a, d'une manière subtile, à la fois détruites et élevées. Sa méthode principale était la parodie, ou plus précisément l'analyse par l'affirmation. Pour l'essentiel, l'ashram de Poona était un institut de recherche comparée sur les religions — avec, en annexe, un laboratoire de travaux pratiques sur l'érotisme. Il y avait là-bas un bon nombre de chercheurs et de chercheuses doués, j'y ai été assez longtemps pour en témoigner. Aujourd'hui, nous rangerions sans doute tout cela dans la rubrique des *gender studies* interactives. Le règlement des études, dans cette maison, était plutôt frivole, on titubait d'un exercice à l'autre ; je me rappelle un séminaire érotique pour experts, où les participants en avaient le souffle coupé. Mais s'il y avait une chose dont on ne discutait pas dans cette faculté, c'était bien la question des quotas. Car le corps enseignant était composé en grande partie de femmes, des beautés, des nudités qui aimaient le duel, qui appréciaient le contact d'une manière dont le souvenir me rend aujourd'hui mélancolique.

C. O. : Cela excite ma curiosité, tu ne veux pas en dire plus ?

P. S. : Par tous les cieux, non ! Ces choses-là appartiennent définitivement à une autre époque, et ce serait une erreur de faire comme si l'on pouvait les raconter aujourd'hui. Mais je voudrais encore dire un mot sur Rajneesh. Il avait lancé un appel intelligent : « Venez tous à moi, vous tous qui projetez sur moi une promesse que je ne tiendrai pas, je vous expliquerai la règle du jeu. » C'était dur à avaler, mais c'était aussi une musique céleste, un jeu de haute volée. Lorsqu'on s'y engageait, on se retrouvait soudain au cœur du projet d'un maître zen, un projet qui avait des traits un peu diaboliques. Pour ce qui concernait Rajneesh lui-même, il a sans doute, en dernier lieu, été victime de son propre médiumnisme, car il était roué comme un gamin, il avait tendance à estimer que c'était lui qui décidait ce qui était ou n'était pas un jouet. Et il transformait littéralement tout en jouet, en jouet d'illumination. À l'instant critique, pour ceux qui pouvaient le comprendre, on opérait l'illusion à cœur ouvert — sans anesthésie. Les autres, en fonction de leurs besoins personnels, pouvaient continuer à rêver un peu. Et si je me fie aux apparences, ils continuent à rêver aujourd'hui.

Je ne laisse donc pas facilement passer les attaques contre Rajneesh, même s'il y a des points d'ombre dans son personnage. Ses discours, notamment les tardifs, semblent en outre d'une primitivité consternante pour des auditeurs occidentaux. Il est certain que cette impression de simplification outrancière est liée à la rupture entre une culture orale, comme la culture indienne, et une culture écrite, comme l'européenne. Pour nos esprits tordus par l'écrit, les messages de la tradition orale ne peuvent que paraître simplistes, ou bien sous-complexe, comme disent si joliment les épistémologues. Un secrétaire médiocre travaillant par écrit se sent forcément infiniment supérieur à un grand maître travaillant l'oral, c'est le changement de médias qui le veut. Mais ces sentiments de supériorité sont trompeurs. En douter serait une bêtise.

Pour le reste, dans son rôle de psycho-charlatan, Rajneesh était plus amusant que Jacques Lacan, qui concourait à l'époque avec lui pour le titre de maître des maîtres. En réalité, Lacan a vu, lui aussi, le problème de l'oralité, et il l'a résolu, pour ce qui le concernait, en se réfugiant dans le délire public. Il maintenait ainsi la tension maître-disciple et repoussait l'instant dans lequel l'élève se sent tout de même supérieur au maître et s'en va. Lacan, bien entendu, avait la tâche bien plus difficile avec sa clientèle parisienne de gens de lettres ; il était forcé de proclamer que la névrose était une œuvre d'art du langage, et de produire constamment du bla-bla et du méta-bla-bla. Mais à un moment ou à un autre, chez lui aussi, le disque du surréalisme psychotique est arrivé à son terme. Mais parlons d'autre chose.

C. O. : Comme tu veux. Cela dit, je ne peux pas croire que tu aies ainsi épuisé tout ce que tu aurais à dire sur Lacan. Je suis frappé par l'impulsivité de tes remarques, pour ne pas parler d'outrance polémique.

P. S. : Ce qui m'anime, ce sont plus les questions psychologiques que celles dont nous parlons ici, ce n'est pas la personne ou l'œuvre de Lacan : l'époque où je le trouvais fascinant est révolue depuis longtemps. Je préférerais revenir à la question des sectes. Il ne fait aucun doute que cela pourrait constituer le thème sociologique le plus intéressant de notre époque, si les sociologues n'étaient pas, dans leur majorité, des esprits éteints. Le comportement à l'égard des sectes montre le totalitarisme latent de la société de marché actuelle et de ses intellectuels. Car le marché totalitaire ne tolère que le modèle lâche et réfrigéré de la société en tant qu'elle est une association libre de clients, ce que les sectes, *a priori*, ne sont justement pas. Les sectes sont des communes brûlantes, des couveuses,

131

des psychoréacteurs, elles sont plus organiques que les masses froides d'acheteurs nomades atomisés et connectés. Et la société bourgeoise a cessé de tolérer à ses côtés des sociétés plus organiques qu'elle-même, elle déclare la guerre aux communes chaudes. Dans certains cas, c'est aussi justifié, parce que ce genre de communes entrent parfois en fusion. Elles sombrent alors dans des scénarios paranoïaques de combats finals ou dans des aberrations gouroucratiques. Mais dans la plupart des cas, cela n'arrive pas. On devrait, je pense, laisser les sectes tranquilles. L'État moderne, la forme politique du marché totalitaire, garantit certes formellement la liberté de religion, mais uniquement lorsque ces prétendues religions sont des Églises, c'est-à-dire des sociétés bourgeoises déjà passablement refroidies. Les Églises modernes servent des communautés distendues d'acheteurs. On n'accorde pas la liberté enthousiaste de constituer des communes. Or, ce serait le point intéressant, dans une perspective psychodynamique, parce que les êtres sont d'abord des animaux de couveuse, et lorsque la société de consommation bourgeoise, surdistendue, cet agrégat de derniers hommes, couve mal ou ne couve plus du tout, qui doit assumer cette fonction de couveuse ?

C. O. : On pourrait dire que les sociétés froides sont les marchés annuels de l'absence d'obligation. Ta théorie de la couveuse m'explique, entre autres, ce que je trouve extrêmement problématique dans la théorie des systèmes chez Luhmann : il légitime l'autisme des différents systèmes à tous les niveaux, depuis les relations amoureuses jusqu'à l'économie mondiale. L'image qu'il se fait du monde conduit les jeunes intellectuels à abhorrer cette fonction de couveuse, comme tu l'appelles, et à la considérer comme une histoire prémoderne, manifestement dépassée.

P. S. : Ne te raconte pas d'histoire, Carlos, la théorie des systèmes est la poursuite de l'idéalisme avec des moyens actuels. Les idéalismes surgissent lorsque les penseurs croient avoir trouvé quelque chose qui leur épargne la coexistence avec d'autres. La seule alternative sensée à une théorie insensée du système serait une anthropologie de la commune inspirée qui s'ancrerait à une profondeur suffisante. Quelque chose de ce genre revient aujourd'hui dans notre débat sociologique sous la forme du communitarisme américain, de manière un peu désemparée, certes, mais tout à fait significative. Le communitarisme, c'est la nostalgie de la bonne secte. Et les Américains ont raison de ressentir cela comme ça, car la bonne secte ou la commune inspirée a été la source du rêve démocratique.

XII

Un mot sur le quatuor gnostique

C. O. : Il serait certainement captivant de prolonger notre interrogation sur ce sujet. Mais pour aujourd'hui, nous devons y renoncer. Une discussion, même longue, doit bien s'arrêter à un moment ou à un autre. Je veux donc aborder rapidement les derniers points : je voudrais encore poser une question sur les intellectuels allemands, et une autre sur les médias.

Après 1989, un débat chargé d'une haute tension idéologique s'est déroulé dans les pages culturelles des journaux allemands — selon des règles du jeu transparentes, d'ailleurs. Après l'apoplexie du poststalinisme, les journaux conservateurs de droite, la *Frankfurter Allgemeine Zeitung* en tête, ont voulu régler son compte à toute la pensée de gauche, à la tradition de la pensée critique en bloc. Ce débat a été très rapidement étouffé — ses intentions étaient sans doute trop évidentes. Un autre l'a remplacé : on s'interroge maintenant sur la manière dont les anciens intellectuels de gauche reprennent des motifs et s'attribuent des thèmes qui, jadis, étaient fermement détenus par la droite. C'est sans doute la quintessence du débat déclenché par Botho Strauss, lorsqu'il a publié son essai *Le Chant tragique du monde*[1], du moins à mes yeux. Ce débat-là, lui aussi, s'est arrêté. Mais cette affaire est toujours dans l'air, aujourd'hui, ce sont les critiques de la gauche libérale — concrètement, je pense ici à Thomas Assheuer dans la *Frankfurter Rundschau* —, qui se piquent de démasquer une conspiration autour d'un projet de révolution conservatrice, parmi les auteurs de la génération intermédiaire. Et tu en fais partie, toi aussi.

P. S. : C'est une bonne blague.

C. O. : Ce n'est pas une blague. Je pense qu'il s'agit d'une tentative de placer Botho Strauss dans un contexte auquel appartiennent des gens comme Wim Wenders, Peter Handke et, paraît-il, toi aussi. La thèse est parfaitement claire : Strauss n'est *pas* un solitaire, il avait des complices, il vient d'un environnement donné, et ces complices, dont tu es aussi censé faire partie, sont suspectés...

P. S. : ... d'avoir participé à une conjuration contre le système de Francfort, je comprends.

---

1. Titre original : « Anschwellender Bocksgesang ». Repris in *Le Soulèvement contre le monde secondaire : un manifeste*, trad. de Henri-Alexis Baatsch, Arche éditeur, 1995.

C. O. : Je dirais plutôt : à une conspiration contre le consensus libéral de gauche. J'ai sous les yeux le texte de la critique qu'a écrite Thomas Assheuer sur le nouveau livre de Botho Strauss, elle a paru il y a quelque temps dans la *Frankfurter Rundschau*. Je te le lis :

> *Le quatuor gnostique est petit et pur. Wim Wenders envoie des anges de l'immémorial parmi les nomades des villes. Ils respirent à présent le pneuma de l'origine. Chez Handke, le monde au cœur indolent devient poreux et étranger sous l'influence des anges de la lassitude. Une présence sainte, authentique. Peter Sloterdijk jette sur le sable la barque d'une funeste modernité, pour qu'on fasse renaître les êtres humains au-delà de la raison cynique. Ici, ils sont ce qu'ils ne sont pas, enfants produits en série d'une préhistoire oubliée, enfin arrivés dans le réel.*

Alors : qu'est-ce qui vous est arrivé ? Toi, le quatrième de cette bande des quatre gnostiques, que répondrais-tu à ce genre de moqueries ironiques, qui ont d'ailleurs aussi un fond très sérieux ?

P. S. : Eh bien, ce genre de spéculations répond d'abord à un besoin stratégique simpliste. Les pages culturelles des journaux ont besoin de scénarios grossiers, de courants bien tracés, d'antithèses primitives, il faut pouvoir se disputer à leur sujet comme à propos du bien et du mal. C'est normal, c'est anodin, c'est une partie de la mise en scène courante dans les médias. Personne ne prend ça au sérieux. Dans la vie réelle, nous ne nous sommes jamais rencontrés, tous les quatre, pas même sur les étagères des librairies : là aussi, nous sommes très éloignés les uns des autres, H, S et W, ça ne se côtoie pas. Je n'ai qu'une chose de commun avec l'un d'entre eux, c'est le S, le même que Strauss, il peut arriver que nos livres sommeillent tranquillement reliure contre reliure dans l'acosmisme des étagères. Où voit-on des approches communes ? Par quoi faudrait-il commencer ?

Voici ma propre interprétation : nous sommes tous les quatre soupçonnés de proposer des sophistications, qui ne constituent pas des armes dans le combat existentiel. S'il existe un trait commun entre les propos de ces quatre personnes, un rapport très vague, il tient à leur tendance aux promenades en marge et à leur réceptivité aux vibrations tardives de thèmes provenant de la tradition métaphysique. Il existe peut-être aussi, chez ces quatre fâcheux, un certain goût pour le pathos et pour le style. Mais c'est déjà en dire trop, et la comparaison s'arrête aussi vite qu'elle a débuté. Les propos rationnels et pertinents ne peuvent être formulés qu'aux regards des différentes œuvres, auteur par auteur, livre par livre. Notre critique n'a pas voulu le faire. Il lui fallait un groupe de criminels, une bande, et si l'on en croit son article, son enquête a été couronnée de succès. Les voilà, nous les tenons, nos quatre gnostiques acoquinés. Le passage que tu m'as cité ne me montre pas clairement de quoi ils sont coupables, mais le ton ne permet aucun doute : ces quatre malins ont été pris sur le fait alors qu'ils voulaient se faire la paire de notre beau monde, aller vers le plus haut ou le plus profond. Cela dit, ce passage est joliment écrit, cet auteur-là ne manque pas de talent stylistique. Quand on est capable d'utiliser en allemand des génitifs ciselés comme les siens, on n'est pas tout à fait perdu. Je suis presque sûr que c'est un sympathisant inavoué. Je connais ce genre de critiques littéraires. En fait, il sympathise, mais c'est un couard, il a peur des influences qui lui plaisent. Ces gens-là veulent souvent se faire bien voir par la plus forte tendance destructrice. Et puis il y a un nœud érodynamique dans cette affaire.

C. O. : Aérodynamique ?

P. S. : Érotodynamique, j'aurais aussi pu dire inhibé, car l'inhibition est toujours un état de fait plus intellectuel que sensuel. Mais qu'est-ce qu'il est en train de faire, ce type-là ? Il présente ses suspects à son public : regardez, nous les tenons, ces escrocs du raffinement, ces récidivistes de la réflexion prolongée. Ils s'apprêtaient tout juste à ficher le camp de notre réalité convenue. Ils écrivent sur des choses à propos desquelles nous n'écrivons pas. Que devons-nous en faire ? On s'en amuse, c'est le travers des médias, aucun des protagonistes du théâtre moderne de la littérature ne se plaindra d'une petite taquinerie comme celle-là. Mais il n'y a pas que cela.

XIII

Le chemin à part allemand dans la hargne

C. O. : Qu'entends-tu par là ? Pourquoi n'est-ce pas tout ? Moi qui viens d'un autre pays, ce qui me frappe, c'est le ton fanatiquement hargneux qui règne ici dans la critique littéraire.

P. S. : Justement, il s'y ajoute quelque chose qui fait partie des singularités du caractère social allemand, une sombre histoire. Je ne sais pas si l'on connaît ce genre de choses en Espagne. Chez nous, le droit pénal médiéval prévoyait l'usage du pilori. On y plaçait les petits malfaiteurs, les boulangers qui avaient triché en pesant les petits pains, les femmes infidèles, les ivrognes. Le pilori est à peu près l'équivalent d'une amende pour stationnement interdit ou conduite en état d'ivresse. Mais voici l'essentiel : en ce temps-là, le simple fait d'exposer le malfaiteur constituait déjà la punition même — et l'on s'en doute, dans les petites villes médiévales, c'était une mesure qui portait, parce qu'elle infligeait une profonde vexation. Le pilori a été supprimé avec l'introduction du droit pénal moderne, parce qu'il heurte la sensibilité des droits de l'homme. Et puis dans les grandes villes, de toute façon, il n'aurait plus été efficace. Mais il a survécu dans les pages culturelles des journaux allemands. Comme je l'ai dit, le sens de la justice du pilori, c'était l'exposition d'une personne, cela constituait la peine elle-même. Une institution allemande marquante, une expérience fondamentale allemande : être montré, c'est être mis à nu. Qui peut comprendre la culture allemande actuelle sans cet axiome ? Les Allemands n'ont jamais oublié la pratique du pilori, ils étaient, de tous les Européens, ceux qui avaient la culture de l'infamie et de la vexation la plus douloureuse, et ils s'y accrochent encore aujourd'hui. On le voit, il existe un chemin à part allemand dans la hargne. Dans le plaisir que prennent les Allemands à « clouer au pilori » survit une forme de vie publique médiévale qui était en fait très souvent une vie publique de la populace, une vie publique fondée sur l'agitation haineuse, la moquerie et le désaveu public. Du point de vue de l'histoire culturelle, je trouve fascinante la manière dont ce genre de prédispositions de l'affectivité peut traverser des périodes démocratiques sans se transformer fondamentalement. Et elles apparaissent ainsi justement là où personne ne s'attendrait à les voir, dans les citadelles de la sensibilité démocratique, dans les colonnes protégées de la critique littéraire et culturelle des journaux libéraux. Je ne veux surtout pas pratiquer une surinterprétation du texte que tu as cité, mais ce qui me frappe dans le style, c'est la ressemblance, dans l'attitude, avec la pratique médiévale du pilori. Ce qu'écrit l'auteur — pour le moment, j'en connais juste le passage que tu m'as lu, mais c'est un passage éloquent : c'est typiquement de la prose de pilori. Elle paraît fondée sur des connaissances, elle paraît juste, elle a l'air de démontrer, or elle dénonce constamment, elle a les doigts finement pointés sur les objets qu'elle accuse, si bien que leur simple désignation paraît effectivement déjà receler la peine, la moquerie publique ; elle semble en outre regarder, de biais, le collectif qui jouit en constatant que quelqu'un s'est fait piquer, une fois de plus. Une chose est claire : le critique du pilori ne prendrait pas le risque de se mettre autant en avant s'il ne se sentait pas en sécurité et s'il ne pouvait s'appuyer sur un mandat que lui a remis son milieu. Et nous en venons ainsi au point critique : quelles missions confiées par le milieu se cachent derrière ce type d'exercices de moquerie ? Pour quelles oreilles cet oiseau-là pratique-t-il la dérision ? Dans quelle constitution mentale se trouve la collectivité dont on peut, à juste titre, penser qu'elle va apprécier ces mixtures faites de compte rendu apparent et d'agitation fielleuse ? Pour reprendre les mots de Shakespeare : « Quel noble esprit a été là détruit ! » Ou, avec une phrase plus contemporaine : comment la longue marche vers la vulgarité a-t-elle été possible ? Pour répondre correctement à ces questions, il faudrait écrire une histoire psychique de la gauche allemande et des libéraux de gauche allemands de 1968 jusque dans les années 90 : l'histoire de l'encroûtement, de l'amertume, de la stagnation et de l'usurpation d'une génération d'intellectuels. Malheureusement, je ne vois personne, dans la vie culturelle allemande, qui puisse dès aujourd'hui accomplir une tâche de ce type. Mais je suis convaincu qu'on pourra la mener un jour à bien, et vraisemblablement plus tôt qu'on ne le croit.

C. O. : Cela pourrait-il être une mission pour toi ?

P. S. : Certainement pas, j'ai d'autres choses en tête. Il faudrait déterminer d'où vient cette méchante amertume que la vieille gauche et les libéraux de gauche déchargent contre des auteurs comme Handke et Strauss, ou Hans Peter Duerr, l'ethnologue, ou contre des cinéastes comme Wim Wenders et quelques autres. Pour ce qui me concerne, si je ne m'abuse, les ressentiments que je m'attire sont d'une nature encore plus spéciale. Pour ces sous-diacres de la critique, je suis une provocation, mais une provocation différente de celle que représentent mes voisins de pilori.

C. O. : Peux-tu m'expliquer cela ?

P. S. : Ce serait une erreur d'exprimer ce que je pense vraiment à ce propos. Cela concerne la postérité. Je prends des notes. On verra plus tard.

C. O. : Quand cela, plus tard ?

P. S. : À un moment donné. Lorsque le temps sera venu d'établir le psychogramme d'une génération perdue. La chose est déjà assez étrange en soi. Vingt-cinq ans se sont écoulés, sont *ins Land gegangen,* « allés dans la campagne », comme le dit cette belle expression allemande, on se demande bien ce que ces années sont allées faire là... Bref, la vieille gauche s'est décomposée, on a perdu des yeux les objectifs communs, les idéaux ont été recouverts par les caricatures et les carriérismes. Mais étrangement, les vieilles aversions sont restées comme par le passé, les vieilles inimitiés ont survécu, et les vieux vices aussi. Cette mauvaise éducation des vieux libéraux de gauche sort de tous les trous en rampant, sans aucune échappatoire utopique. Les idéaux s'en vont, la vulgarité reste, et elle est la plus flagrante lorsque les intellectuels continuent à faire comme s'ils régnaient. J'ai eu l'occasion d'étudier ces mauvaises mœurs anciennes et nouvelles qui ont pris les habits de la critique. Dans les milieux en question, les réactions à mes livres se sont toujours distinguées par des taux d'agression verbale considérables. Cela dit, je peux comprendre ces gens. Ils sentent leur passer sous le nez une chose qu'ils ne peuvent pas comprendre, face à laquelle ils aime-raient tant se sentir supérieurs. Mais ce qui reste étrange, c'est la facilité avec laquelle ils se hasardent à présent en avant, ces malpolis, les vieux comme les jeunes, qui triomphent si facilement de toutes les difficultés, ces demi-lucides qui considèrent que des jugements rapides et grognons sur ce qu'il y a de plus fragile au monde constituent déjà des succès de la critique. Mais ce n'est peut-être pas étonnant. Qui s'est jamais donné la peine de leur expliquer la différence entre l'ironie et la hargne ?

C. O. : Peter, je ne te connaissais pas jusqu'ici comme un polémiste, tes livres donnent toujours une impression de nonchalance...

P. S. : Je n'ai pas le caractère d'un polémiste, cela ne m'empêche nullement d'être clair sur certains points — j'ai du mauvais œil la dose nécessaire pour s'orienter sur le terrain intellectuel.

C. O. : C'est une dose élevée ?

P. S. : Très élevée.

C. O. : Je voudrais aussi me permettre une petite remarque socio-psychologique. Ce que je regrette ici tellement, c'est l'absence du sens de l'ambiguïté, de l'ironie. On nous reproche fréquemment à nous, qui sommes du Sud, notre manque de fiabilité et de sérieux. Je crois au contraire que c'est un avantage : cet élément catholique romain, associé à la mentalité du Sud, y produit ses meilleurs fruits. Ici, tout est si consciencieusement canalisé.

P. S. : Tu peux trouver des remarques analogues chez Hölderlin, Carlos, et chez Heine.

C. O. : Je voudrais tout de même reposer une petite question sur la querelle des intellectuels allemands dans les pages culturelles. Il me semble évident qu'une certaine critique culturelle libérale de gauche, bien installée, a du mal à se faire aux transformations de la conscience qui apparaissent, de manière offensive, au sein de la génération intermédiaire. Ils se sentent dépassés, ils découvrent, comme la plupart de nos contemporains d'un certain âge, qu'ils ne comprennent plus l'essentiel, dans quelque domaine que ce soit, et pourtant...

P. S. : C'est possible, je le formulerais encore différemment.

C. O. : Un moment, Peter, je veux te demander, concrètement, comment l'on peut aborder des phénomènes comme le nouveau culte de la nation, les hymnes au sang, etc., dont Botho Strauss nous offre tout de même quelques spécimens ? Chez lui, ce genre de motifs réapparaît sous un jour positif. Que faut-il en penser ?

P. S. : Je me suis souvent demandé si le débat sur Botho Strauss après le *Chant tragique* n'était pas, dès le départ, un scandale mis en scène. N'était-ce pas un coup monté ? Un test psychologique délibérément monté par le *Spiegel* : comment appuyer sur le bon bouton lorsqu'on s'adresse à des intellectuels simples ? Les débats, après la parution de l'article, m'ont rappelé ces émissions tellement appréciées, celles de la caméra cachée : une nation de dupes laisse filmer ses réflexes d'indignation. Malheureusement, Strauss a négligé, comme il se doit dans ce type de jeux, d'entrer lui-même en scène à un moment donné, de décliner son identité et d'expliquer aux pauvres intellectuels-réflexe que l'on venait de filmer qu'il s'agissait d'un test, d'une forme supérieure de l'essai... Du scandale, Strauss en a eu à foison. Mais il n'a pas utilisé la possibilité du métascandale. En tout cas, je n'ai rien trouvé dans son essai qui eût justifié cette hystérie. La seule chose originale dans toute cette histoire, c'était la mise en scène médiatique du scandale, considéré comme une forme de l'essai.

C. O. : Je ne peux pas tout à fait te suivre sur ce point. Dans le texte, on trouve des expressions du genre : nous, consommateurs aplatis, nous ne sommes plus capables de comprendre que jadis et ailleurs, on a sacrifié son sang pour la Nation ou pour d'autres grands « idéaux ». Ça n'est pas aussi anodin que cela.

P. S. : La mission de l'écrivain n'est pas d'être anodin. Il me semble que nous avons oublié ce qu'est un écrivain et ce qu'il fait lorsqu'il se consacre à son métier. Les écrivains sont des expérimentateurs. Leur boulot, c'est de dépister ces substances dangereuses que l'on appelle les thèmes, les thèmes profonds de leur époque. Ces thèmes sont traités, décomposés, filtrés, renversés et recomposés par les auteurs. Il s'agit *eo ipso* d'un boulot risqué, on n'en vient pas à bout si l'on n'a d'autre arme que sa bonne volonté. Lorsque je lis les phrases de Strauss sur le sacrifice du sang, ce qu'il fait me paraît évident. Il organise une expérience autour de la question : qu'est-ce qui constitue une réalité pour ceux qui accomplissent ce sacrifice, et pas de réalité pour nous ? Qu'est-ce que nous ne comprenons pas, ou qu'est-ce que nous ne comprenons plus ici ? Que nous est-il arrivé pour que nous ne comprenions plus ? Et si je le comprends bien, il ne plaide pas pour que nous adoptions un nouvel

146

esprit de sacrifice. Il demande : qu'est-ce que cela signifie, de vivre à une époque et dans un monde où tout ce qui est dur, lourd, insupportable, cruel, mais pourtant inévitable dans certaines situations du monde, n'entre absolument plus à l'intérieur de nous-mêmes ? À quoi bon des écrivains, si ce n'est pour poser ce genre de questions et déclencher ce genre d'inquiétudes ? Ils ont l'obligation d'explorer les obscénités, les zones de pénombre, de déplacer et de manipuler des matières où la conscience quotidienne n'est plus présente. C'est un sérieux symptôme du déclin de la vie publique, lorsque même les critiques, c'est-à-dire des intellectuels publics, ne comprennent plus ce que fait un auteur en menant des expériences sur les aspects explosifs des matériaux dangereux. Il faudrait reconnaître la réalité : un ancien gauchiste a réussi à creuser très profondément dans le système de cavernes de la logique conservatrice, dont aucun contemporain ne sait rien, ou presque. Strauss lit des classiques catholiques, bon, il lit des dissidents des temps modernes, soit, mais est-ce que le fait de lire et de s'efforcer de comprendre ce genre de choses en fait un catholique et un renégat de son époque ? Ce genre de soupçons me paraît misérable, paralytique. Je dois le dire encore une fois — ces gens de la gauche simple, ces intellectuels de la prudence, ont oublié, ou bien n'ont jamais su ce qu'est un auteur. Des auteurs de qualité font et disent des choses nouvelles, difficiles à entendre, ils expérimentent avec de nouvelles et de vieilles phrases dans l'espace esthétique et logique, ils essaient des positions, ils ont le tourment et la liberté de la forme — deux

147

choses immédiatement liées l'une à l'autre, car la conquête de la liberté dans la forme est le plus souvent le revers de la souffrance. Un auteur est un studio pour pièces difficiles, pour pensées peu jouées. Son intérieur lui sert d'espace expérimental, on y teste et l'on y modèle un matériau thématique virulent. Et il y a là-dedans des substances hautement toxiques. Il existe un lien direct entre la dimension d'un auteur et la dangerosité des matériaux qu'il traite et qu'il maîtrise. L'anodin ne donne naissance qu'à l'anodin, le danger donne naissance à la pensée, et lorsque la pensée arrive au point où elle prend forme, on tient l'instant de l'art. Tout auteur qui vaut quelque chose se contamine lui-même avec les matériaux qu'il traite — ce n'est pas différent aujourd'hui, Thomas Mann a fait comme cela, Kafka, Hans Henny Jahnn, Benn, Musil, Broch, Valéry, Michaux, Bataille, tous les grands noms du siècle ont été des maîtres de la pensée dangereuse. Strauss est candidat à la grandeur, ça en agace beaucoup, et l'on n'a pas encore statué sur sa candidature. Mais la pensée et l'art vivent d'expériences de soi. Et Strauss est en tout cas un important expérimentateur sur sa propre personne. Bref, pour ma part, je protégerais Botho Strauss contre toute sorte de critique d'opinion dirigée contre les aspérités de ses tentatives. Il faut le laisser seul avec ceux qui exercent une critique stylistique sur ses livres et une critique d'attitude sur sa personne. Ensuite, tirer des conclusions à partir des réponses est son affaire, et seulement la sienne. Mais lorsque l'on voit à quel point les critiques défendant la « correction », ancienne et nouvelle, attaquent et méconnaissent la fonction de l'auteur et de l'artiste, l'amusement privé cesse et il est temps de reparler publiquement du droit des auteurs.

XIV

Le lourd et le léger

C. O. : J'ai dit plus haut que certains intellectuels de la « génération intermédiaire »,
c'est-à-dire de ta génération, se sont aventu-
rés sur des chemins où un groupe plus âgé ne
veut pas et ne peut pas les suivre. N'est-ce
qu'un problème de générations — les jeunes
prennent la parole, et les vieux ne comprennent plus le monde ? Le problème n'est-il pas
plutôt que l'on voit de mieux en mieux, à
présent, à quel point la sous-culture de l'ancienne gauche, pour formuler cela de
manière très schématique, avait masqué des
aspects essentiels du réel, qui surgissent de
nouveau aujourd'hui ?

P. S. : Si l'on voulait s'exprimer à l'ancienne, on pourrait dire qu'une vieille gauche
décantée[1] quitte ses cavernes oniriques et
redécouvre le monde et la vie.

---

1. Dans le texte : *dekantiert. (N.d.T.)*

C. O. : Décantée ?

P. S. : Un terme œnologique — le vin que l'on a versé de la bouteille dans une carafe pour le chambrer s'appelle du vin décanté, on fait surtout cela avec de grands rouges, les Bordeaux grands crus classés, le Rioja Gran Reserva, et d'autres du même ordre. En réalité, ce mot signifie « dé-chanter » une chanson, peut-être aussi désenchanter, conjurer, faire de la contre-musique. À bien y réfléchir, une grande partie de mon travail est une décantation. Je verse les vieux grands crus de la pensée dans de nouveaux récipients, j'ai relu les métaphysiciens et je les ai transvasés, je lis Heidegger avec de nouveaux yeux et je laisse chambrer ses excentricités — tout cela, ce sont des pratiques de décantation. Alors qu'est-ce qu'un théoricien est censé faire de sa journée ? On est une sorte de goûteur du flot des idées, un sommelier, un contre-chanteur. Je pourrais dire une foule de choses là-dessus, l'histoire des idées est une histoire des spiritueux, ou une histoire de la contre-musique, n'est-ce pas ? J'affirme en tout cas que cela fait du bien aux anciens gauchistes de changer de bouteille, ces étiquettes moisies ne disent plus rien qui vaille depuis longtemps. Il faut quitter sa bouteille lorsqu'on cherche la décantation, je l'ai dit tout à l'heure, les bons rouges en ont besoin... Dans le fil de cette décantation réapparaissent des thèmes et des motifs que l'on a toujours cru, et c'était totalement injuste, du seul ressort de la droite politique et idéologique.

C. O. : De quels motifs s'agit-il avant tout, selon toi ?

P. S. : De tous les thèmes qui sont importants pour les créatures mortelles, en dehors du réseau social. Des thèmes que l'on qualifie d'existentiels dans les milieux des philosophes : l'amour et ses paradoxes, la finitude, l'obligation de se décider dans l'étroitesse du temps et la limitation des connaissances, l'impossibilité d'être bon... tout cet horizon tragique. À cela s'ajoute l'expérience du fait que la satisfaction s'esquive, la découverte du fait que l'initiative est le nerf de la guerre et que même pour mener la plus simple des vies, il faut des vertus de chef d'entreprise. Autant de motifs qui énervent les intellectuels simples.

Mais il n'en va pas autrement aujourd'hui : l'intelligence ne vit que dans l'ouverture à ce qui est inconfortable. Et à un moment donné, il devient totalement inutile, pour ne pas dire absurde, de se demander si ce sont des sujets « de droite ». Je veux aller jusqu'au bout de cette histoire. Les temps modernes ne sont pas une ère de paix, mais l'époque où l'on doit mener à son terme le conflit de tous les conflits. Nous sommes empêtrés dans une guerre mondiale invisible et incomprise, une guerre des profondeurs dont l'enjeu est le poids du monde. C'est la guerre du léger contre le lourd. Jusqu'ici, cette guerre était identique à la querelle entre la gauche et la droite, car la gauche ou la pensée de gauche désignait la volonté de soulager l'existence, de supprimer les poids indignes qui sont accrochés à nous. Ce qui est lourd est inhumain : tel était à peu près l'axiome latent de la gauche. Être moderne et de gauche, cela signifiait seulement, dans un premier temps, vivre dans un projet visant

152

au soulagement et participer aux conquêtes qui rendraient la vie plus légère au plus grand nombre possible. Mais cette action de la gauche, qui a fait époque, est toujours allée de pair avec une réaction de la droite. Elle s'est manifestée bruyamment et avec arrogance à partir de la fin du XVIIIe siècle. La droite ou la pensée de droite tirait sa substance du fait que l'on rejetait la nouvelle légèreté et que l'on réfléchissait aux limites du soulagement. La droite, jusqu'à hier, c'était le parti de la pesanteur. À droite, on croit à l'indépassable, à l'incontournable — c'est du reste une catégorie sur laquelle Heidegger a quelque peu travaillé. C'est la raison pour laquelle la droite a toujours eu un concept de la réalité plus dur, plus coriace, mais aussi plus sombre. Le monde est lourd, et plus lourd que ne pensait le jour... C'est l'hymne des conservateurs. Au fond, les véritables conservateurs ne sont pas des conservateurs des privilèges, ni des conservateurs des valeurs, ce sont des conservateurs de la pesanteur, si l'on veut formuler la chose, pour une fois, courtoisement et en essayant de se faire une idée assez sublime de son adversaire. C'est la raison pour laquelle il existe à droite un concept du sacrifice et à gauche, tout au plus, un concept de l'effort, de la dépense. À droite, on peut tenir compte du fait que les hommes, de temps en temps, ne meurent pas seulement de quelque chose, mais pour quelque chose. À gauche, on ne peut que s'en indigner ou regarder ailleurs — au moins à une époque comme la nôtre, où les combats pour la liberté remontent loin dans le temps et où les martyrs de gauche sont plutôt perçus comme un élément de per-

153

plexité. Dans cette notion de « mort pour... »
apparaît un peu du vieux poids du monde —
c'est du reste une formule que l'on rencontre
chez les Habsbourg espagnols. Elle fait partie
du tableau que les princes faisaient de leur
propre existence, l'empereur y est le premier
porteur du monde après Dieu, le pouvoir lui-
même est un sacrement de la pesanteur. Dans
l'esprit moderne et libéral, ce genre de chose
ne peut qu'avoir une résonance effroyable.
Cela apporte la fausse note absolue dans la
partition des temps modernes, parce que cela
rappelle qu'il existe une limite au soulagement. C'est seulement dans ce contexte que
les idées de la gauche utopique doivent être,
encore une fois, prises totalement au sérieux,
parce qu'elles sont exemplaires et symptomatiques, et parce qu'elles n'ont fait qu'exprimer le sommet d'une tendance générale, qui
caractérisait le modernisme moyen. Les gauchistes utopiques caressent le rêve d'alléger la
vie jusqu'à l'apesanteur, ils veulent la grande
fête, tout de suite et pour toujours...

C. O. : C'était donc cela : *Sous les pavés,
la plage*[1].

P. S. : Évidemment, les plages de sable
blanc, le rhum blanc, déshabillé jusqu'au
duvet, les relations allégées avec tout ce qui
porte un pagne. Je pense du reste que les
nouveaux maniaques de la connexion tour-
billonnante, ceux qui veulent nous refiler les
ordinateurs personnels et les autoroutes de
l'information, ne font que commercialiser un
travesti des motifs classiques de l'utopie de

1. En français dans le texte. *(N.d.T.)*

gauche : la révolution du soulagement passe par le moniteur. En conséquence, pratiquement tous les faiseurs de courants, aujourd'hui, seraient tournés vers la gauche ; malheureusement, personne ne définit plus clairement comment on peut penser aujourd'hui le principe de gauche. La nouvelle gauche, ce sont les chefs d'entreprise en quête d'une société qui serait suffisamment moderne pour leurs produits. Dans le courant central de la technologie moderne, les motifs de la vie allégée progressent irrésistiblement, mais ceux qui font la réclame de cette apesanteur le font aujourd'hui depuis des positions que l'on considérait jadis comme bourgeoises et conservatrices. Aujourd'hui, l'ensemble du monde économique n'est plus parcouru que par un seul message : nous devons être prêts à la transformation dans tous les domaines, et rapidement. C'est de la rhétorique révolutionnaire à l'état pur, mais on l'entend désormais dans la bouche de managers, de conseillers et de designers. La guerre mondiale que se livrent en profondeur le léger et le lourd dégénère, entre dans une nouvelle phase, et les fronts traditionnels s'inversent sur de nombreux points. L'ancienne droite mise sur le léger et prône la flexibilisation de tout et de tous, et certaines personnes, dans l'ancienne gauche, découvrent le champ de la pesanteur. C'est ce qui imprime sa rotation au tourbillon actuel. Lorsqu'on ne voit pas cela, on ne comprend strictement rien au drame qui affecte actuellement les systèmes d'orientation.

C. O. : En tant que diagnostic descriptif sur l'évolution, ce que tu dis me paraît très juste. Mais dans la perspective morale, l'évolution vers une mobilisation économique globale est condamnable. La réalité n'est-elle pas plutôt qu'aujourd'hui, au nom de « l'innovation », le darwinisme social le plus cynique de tous les temps est en train de se frayer un chemin ?

P. S. : J'exprimerais une certaine réserve sur ce genre de jugements. Quand on les regarde de plus près, on constate qu'ils font partie d'un jeu religieux du langage — un jeu de langage de la pureté dans un monde plein de crasse. Lorsque la politique était le destin, on percevait la politique comme le centre de la saleté. À présent, l'économie est le destin, et c'est par conséquent de l'économie que provient toute la crasse. Mais je te donne raison sur un point essentiel : moralement, nous nous dirigeons vers une situation dans laquelle l'utopie chrétienne et de gauche de l'après-guerre — l'utopie de la société nivelée — se dissout. Nous entrons dans une ère où la différence entre vainqueurs et perdants apparaît de nouveau avec la dureté antique, avec une cruauté préchrétienne. Mais je ne donnerais pas à ce phénomène le nom de darwinisme social, parce que cela implique une catégorie relevant des sciences naturelles et qui n'a rien à voir avec tout cela. Nous sommes ici sur le terrain des faits moraux et des systèmes. Les deux questions décisives sont les suivantes : quel niveau de morale les grands systèmes peuvent-ils afficher ? Combien d'autocontradictions les sociétés modernes de consommation et des droits de l'homme peuvent-elles absorber ? Je discerne ici une renaissance de la tragédie à partir de la systémique et ses paradoxes.

C. O. : Cela signifierait que la politique a définitivement perdu son primat. Si je te comprends bien, tu dis que la politique ne touche plus le noyau du réel. Elle doit manifestement se soumettre aux lois supérieures de l'économie. On ôte ainsi sa base à la démocratie, parce que la démocratie est fondée sur l'hypothèse que la politique pourrait être placée sous le contrôle de la morale.

P. S. : Notre démocratie repose aussi sur une deuxième idée, qui, pour ceux qui y participent, est encore plus importante que celle que tu as citée. La plupart d'entre eux ne désiraient la forme démocratique que dans la mesure où elle garantissait les meilleures conditions politiques générales pour le projet fondamental, l'allégement de l'existence. *Laissez faire*[1] : on a tout simplement besoin de la démocratie lorsqu'on veut se laisser aller. Si la démocratie elle-même devait devenir quelque chose de lourd, si elle devait s'avérer être un poids *sui generis*, la libido politique céderait d'un seul coup. On constate souvent que ceux qui parlent de l'idéal du gouvernement né du libre débat ne l'entendent pas tellement comme un principe absolu. De tout temps, seuls les patriciens et les minorités intellectuelles ont exigé une démocratie pour la démocratie, des patriciens intellectuels qui cherchaient des rapports d'égal à égal. Dans ce contexte, je pense toujours d'abord à Hannah Arendt,

1. En français dans le texte. *(N.d.T.)*

157

l'une de ces rares figures de la démocratie aristocratique, une Athénienne antique *honoris causa*, ou encore à Habermas, qui, malgré tout ce qui nous sépare, est toujours resté à mes yeux un personnage indispensable, une sorte de juge constitutionnel dans la démocratie des arguments. Je pourrais te faire un petit gotha des rares démocrates de principe en Allemagne. Pour les esprits qui ne sont pas aussi éminents, la démocratie, elle aussi, n'est qu'un moyen. Ils s'intéressent plus aux soulagements qu'aux formes de vie et de langage radicalement démocratiques, en tant que tels. C'est précisément sur ce point, du reste, que la question de la religion revient en jeu, parce que le soulagement est l'équivalent moderne de ce que l'on appelle la délivrance ou la rédemption dans les religions classiques, comme le christianisme. Celui qui soulage remplace celui qui sauve, c'est la quintessence des temps modernes.

C. O. : La faute originelle des temps modernes ne transparaît-elle pas dans ce phénomène ?

P. S. : La faute ?... Oui, peut-être. Bien sûr, c'est une faute, pour une culture, de passer au-dessus de la question de la libération, c'est une faute, pour des hommes, de se montrer plus légers que peuvent l'être les hommes. Mais ce serait aussi une faute de faire appel à la tragédie dans le seul but que tout cela retrouve sa digne dureté et que nous puissions de nouveau nous parer de la noblesse ontologique de la pesanteur. Ce n'est pas ma faute, la vie la plus simple me paraît suffisamment lourde, bien que je sois un veinard, si j'en crois la presse. Ici, on ne peut pas forcer à prendre une décision de principe ! La guerre mondiale, entre l'amusement et la pesanteur, traverse chaque existence individuelle, le front passe en nous-mêmes, où passerait-il autrement ? Nous sommes le champ de bataille, les deux forces agissent sur nous, et toutes les deux sont endogènes. Tu as en toi quelques divisions de soldats du soulagement et quelques sections d'objecteurs pesants, et il t'est impossible de te battre, primitivement, dans un camp ou dans l'autre. J'affirme que cette irrésolution est ce que les auteurs de la génération intermédiaire, que tu ne cesses d'interpeller, traitent aujourd'hui avec tant d'obstination. Nous sommes sur le point de formuler de nouveau une idée culturelle, après toutes ces fanfreluches, un concept de la civilisation qui serait un compromis assumé entre le léger et le lourd. Il y a derrière cela un nouveau concept de ce que veut dire la forme : la légèreté à partir de la pesanteur. Mais si on le formule ainsi, ça n'a rien de tellement nouveau ; Nietzsche nous a précédés sur cette voie, et il y a eu avant lui les moralistes français et d'autres penseurs dotés d'une idée ambitieuse de la forme. Mais cela exige déjà plus que ce que supportent beaucoup de vieux libéraux de gauche. Il leur arrive souvent de ne plus savoir où ils en sont avec eux-mêmes, ils se connaissent trop peu, ils ne comprennent pas qu'ils se comportent comme de petits lieutenants rigides sur les collines du soulagement. Dès que l'on touche à l'espace tragique, ils se mettent à crier à l'ennemi... Dans ces conditions, des auteurs qui mènent une expérimentation productive, comme Strauss et d'autres, appa-

159

raissent comme les généraux à cinq étoiles du nouvel obscurantisme.

C. O. : Ce compromis entre la légèreté et la pesanteur, comment doit-on se le représenter ?

P. S. : Autant de soulagement que possible, autant de conscience tragique que nécessaire. La base de cette formule n'est pas un secret : nous l'avons dit, les modernes sont des gens qui mènent des expériences sur eux-mêmes et sur les formes de vie. Ceux qui s'y risquent trouvent en règle générale que nous ne sommes pas faits pour la sainteté. Alors, que faire ? Nous nous distinguons de la légion des saints, candidats inaptes que nous sommes. Réserve de troupes de deuxième choix, inutilisables, sauf à la toute dernière levée. Certains auteurs, si j'en crois mon impression, ne vont pas assez loin dans leur volonté de se réformer, Strauss et Handke, par exemple, courent le risque, un jour, d'être tout de même enrôlés dans la légion des saints. Un certain temps, ils ont envisagé à haute voix la possibilité de se porter volontaires. Cela pourrait se retourner contre eux à un moment ou à un autre. Par rapport au sacré, les modernes doivent faire preuve de discrétion, il suffit d'entrouvrir à peine la porte... entrouvrir, c'est bien cela, cela correspond à la situation intellectuelle de l'époque. Un entrebâillement de transcendance, on ne peut pas aller plus loin. Ouvrir la porte à moitié, comme l'ont parfois fait ces auteurs, serait déjà trop, cela fait apparaître des clairs-obscurs, des langages fantômes, un courant d'air magique, et puis les fausses notes viennent facilement, on court le risque d'avoir un discours plus pastoral qu'il ne sied à un écrivain. Les messieurs que j'ai mentionnés savent bien ce que je veux dire, ils se sont parfois comportés comme des apôtres autogènes... Et pourtant, même s'ils choisissent de prendre ce risque, cela fait partie des droits de l'auteur, cela ne remet pas en cause leur intégrité. Il s'agit de comprendre qu'aujourd'hui aussi, la différence entre un auteur et un prêtre ne peut apparaître que dans l'expérimentation.

C. O. : Tu ne crois donc pas que les auteurs de cette espèce doivent eux-mêmes devenir de nouveaux saints et de nouveaux seigneurs ? Qu'ils réclament eux-mêmes des révélations en première instance, et donc un pouvoir de commandement ?

P. S. : C'est une très bonne question, elle nous ramène d'ailleurs au commencement de notre entretien. Les intelligences modernes se développent dans les processus expérimentaux, c'est la seule chose qui soit claire. Or, il existe une zone d'extrême danger dans ces expérimentations. Si nous allons très loin, nous arrivons, à un moment donné, vers le risque, au bord de la falaise, là où tout se décide, sur le récif. Je vais pousser à l'extrême la question qui va nous amener à nous-mêmes : pouvons-nous faire, sur notre propre personne, des expériences permettant de faire sortir de nous-mêmes le sacré, directement, d'une manière qui fasse autorité ? Pouvons-nous, en écrivant, en pensant, devenir des saints, des saints et des martyrs au nom de vérités reposant sur leur propre légitimité ? Je suis certain que nous ne le pouvons pas. D'accord, il existe une expérience de la drogue, avec des percées colorées dans des espaces excentriques, il y a les extases érotiques et esthétiques, il existe des évidences terrassantes des pleins pouvoirs dans l'expression esthétique, mais ce type d'épisodes ne débouche pas sur l'autorité. Or, les auteurs doivent être en quête d'autorité s'ils veulent donner une validité à leurs propos — chaque phrase est l'étincelle d'une volonté de puissance. Pour nous, le chemin qui y mène passe par la forme, par les lettres, et pas par des allusions gesticulatoires à des ravissements ou des expériences que nous avons acquises hors de l'écriture. L'auteur n'a jamais que les mots, chaque page est sa dernière chance. Avec des phrases, il peut, s'il en est capable, se plonger dans les grises extases de l'actualité normale, c'est son unique expérimentation authentique, et il n'a d'autorité que pour les épiphanies ordinaires. Il produit des révélations au mot à mot, les lecteurs les ont devant le nez. Le quotidien lui-même est l'abîme, le langage est son récipient. Et si la normalité est l'état d'exception, les phrases des écrivains lui donnent une constitution. Les dés sont jetés lorsque nos auteurs se mettent à écrire ce genre de phrases qui ont une valeur constituante pour l'habituel invisible. Nous voyons alors ce qu'ils sont capables de faire, et ceux dont nous parlons ont des capacités non négligeables. Dans leurs meilleures pages, Strauss et Handke sont les maîtres de l'extase grise, ni plus, ni moins. Ceux qui veulent de l'art encore plus grand sauront à qui ils doivent s'adresser.

XV

Pourquoi disons-nous plutôt quelque chose que rien ?

C. O. : Peter, tu es aujourd'hui professeur de philosophie et d'esthétique dans une institution toute jeune, mais qui est presque déjà devenue légendaire, l'École supérieure de création artistique de Karlsruhe. J'ai lu récemment une interview dans laquelle le recteur de cette école, Heinrich Klotz, présentait cette nouvelle institution comme le Bauhaus de l'ère électronique. Il parlait d'une grande école artistique de la deuxième modernité et des arts médiatiques. Je me suis un peu perdu en conjectures sur le sens de ces mots, je l'avoue. Mais j'imagine que cette grande école est un lieu stimulant où convergent un grand nombre de nouveautés, et que tu as là-bas une perspective privilégiée pour observer les courants esthétiques et techniques les plus récents et les théories actuelles de l'avant-garde. Je dis cela parce que je compte te poser une question en ta qualité d'observateur des médias...

P. S. : Tu as raison, nous sommes relativement favorisés à Karlsruhe, c'est l'île universitaire des bienheureux en Allemagne, et, Dieu soit loué, c'est encore pratiquement une île vierge. Les étudiants sont triés sur le volet, l'équipe enseignante est à taille humaine, l'esprit « fonctionnaire » n'y est guère répandu, les chaires de professeur sont tournantes, les programmes sont ouverts : sur le papier, cela semble unique. Mais je ne veux pas exagérer : là-bas aussi, nous avons de sérieux problèmes. Au bout de quelques années, j'ai déjà des raisons de m'étonner sur certaines choses.

C. O. : Tu veux t'exprimer sur ce sujet ?

P. S. : Je n'y tiens pas, ce sont des problèmes internes. Je voudrais juste faire une allusion, parce qu'elle est d'intérêt public : je n'arrive pas à comprendre pourquoi notre autorité de tutelle, le *Land* du Bade-Wurtemberg, ne saisit pas à bras-le-corps la véritable chance qui s'offre à Karlsruhe. De toutes petites dépenses suffiraient pour ancrer dans cette école l'avant-garde allemande et européenne de la philosophie des médias et de la culture. Avec deux ou trois postes supplémentaires dans mon secteur, on pourrait créer ici le plus brillant champ de force existant en Allemagne en matière de philosophie de la culture. Or, que voit-on ? Au lieu de nous donner carte blanche pour établir un département brillant, on me laisse accroché, pratiquement seul, comme un monstre sacré de la philosophie contemporaine, sans coéquipiers qui, seuls, permettraient d'élever l'expérience de Karlsruhe au sommet du possible. Il faut que cela change ; dans le cas contraire, je serai forcé de quitter Karlsruhe

164

tôt ou tard. D'ailleurs, les quatre premières années à la nouvelle grande école ont montré à quel point il est difficile de faire travailler des artistes sur un projet commun. Il semble que les artistes des médias soient justement encore plus obstinés et solitaires que le reste de la corporation.

C. O. : Cela a peut-être un rapport indirect avec le sujet que je voudrais aborder en dernier lieu. La plupart des intellectuels et des artistes nourrissent des préjugés virulents contre les médias. Ils préféreraient vivre dans un monde où les nouveaux médias n'existent pas encore ; mais dans le même temps, ils veulent connaître ce succès que seul peut offrir un univers médiatique, et là uniquement. Martin Walser, un auteur qui ne cesse de proclamer ses opinions dans les médias de masse, ne se lasse pas de répéter sa thèse : dans les médias, on ne fait que reproduire des opinions sur des opinions. Même les philosophes de l'université ont un état d'esprit élitiste, et la jet-set intellectuelle, pour polémiquer un peu, les suit en cela à la trace. Passe pour méprisable quiconque procure une certaine popularité à des pensées ambitieuses. Le mépris est aussi la dominante des commentaires de Botho Strauss sur le monde des médias. Sa critique a des connotations heideggeriennes évidentes ; il prend ses distances avec le discours de la foule, il prêche l'insurrection contre le monde secondaire, et le creux du discours transmis par les médias. Il y a quelque temps, tu as donné à la revue *Stern* une grande interview où tu expliques que dans le monde occidental atomisé, il n'existerait plus de cohérence sociale sans

165

mass media, c'est-à-dire que la société elle-même ne serait plus concevable. Après un seul mois sans mass media, les grandes nations modernes se dissoudraient en sociétés tribales, en petits clans minuscules et en économies villageoises. Tu dis aussi qu'à travers les médias, notamment audiovisuels, les différents êtres humains d'un même État national s'entendent sur des dénominateurs communs minimaux. Il me semble discerner dans tes thèses une théorie des médias ou du médial beaucoup plus positive que chez tous ceux qui ne font que taper sur les médias. Et au début de notre entretien, nous avons vu que tu es bien loin de la lamentation de Virilio sur l'apocalypse des médias de masse...

P. S. : C'est vrai, les médias sont aujourd'hui devenus l'objet d'un combat de civilisation. Lorsqu'on voit quels partis médiatiques se font face aujourd'hui, on comprend aussi pourquoi ce combat est inévitable. Il existe aujourd'hui, en schématisant beaucoup, une guerre défensive des gens de plume contre les gens de micro, et ce pour une raison bien simple : aujourd'hui, le pouvoir médiatique passe de plus en plus des médias écrits aux médias audiovisuels. Ce processus horripile l'homme de plume, et l'on comprend bien pourquoi. Depuis trois mille ans, la caste des gens de plume a toujours été intimement liée au point de focalisation du pouvoir. On connaît la formule du trône et de l'autel, qui était le pont typique entre les deux pouvoirs, dans l'ancien monde. On pourrait tout aussi bien se référer à l'alliance entre le trône et la chancellerie. Les gens de plume sont des gens qui, pour de bonnes raisons historiques, ont une haute opinion d'eux-mêmes et de leur fonction. Dans le monde moderne, les membres de la caste des écrivants sont devenus les écrivains, ce sont les scribes des États-nations, c'est-à-dire des peuples modernes. Ils sont par conséquent avant tout les voix des nations. Dans cette fonction transparaît quelque chose des anciennes fonctions exercées par les chanceliers et les prêtres. Les divertisseurs nationaux qui utilisent la plume, les poètes, les écrivains, ont gardé jusqu'à nos jours quelque chose de l'ancienne aura des arts de l'écriture. Les auteurs qui se situent encore aujourd'hui le plus dans la tradition de la magie artistique écrivent certes explicitement pour les individus, et non pour un peuple ou une masse. Mais voilà, ces individus exquis constituent pour leur part un peuple subtil, une sainte nation de la lecture. Il faut rappeler, dans ce contexte, avec quelle vénération on traitait encore il y a peu, en France ou en Russie, des personnes dont la rumeur disait qu'elles écrivaient des livres et qu'on les lisait dans le grand monde. Au XIXe siècle et dans la première moitié du XXe siècle, le prestige des écrivains a atteint son sommet historique, le prix Nobel est une relique de cette ère de la surélévation. Il faut à présent prendre conscience du fait qu'en l'espace d'un simple demi-siècle, les nouveaux médias audiovisuels ont renversé les rapports de pouvoir médiatiques dans l'État-nation moderne, et au-delà. Un incroyable bouleversement a eu lieu, et nous ne le percevons pas encore tous. Les faiseurs de radio et de télévision ont perpétré un coup d'État médiatique, ils se sont placés au premier rang (et loin devant les autres) des divertisseurs et des communicateurs nationaux. Que représente Martin Walser à côté d'une présentatrice de journal télévisé ? Que vaut Handke face à l'animateur Thomas Gottschalk ? Ce sont deux presque-rien qui cultivent cette manie médiévale de faire de belles phrases, des phrases qu'un présentateur du journal télévisé ne prononcerait jamais. Les animateurs de télévision ont pris le pouvoir du jour au lendemain.

Des quelques éléments que nous avons esquissés, il résulte qu'à l'ère de la coexistence des médias, les relations entre gens de plume et gens de micro vont être tendues, et que la tension sera nettement supérieure du côté des gens de plume. C'est la différence entre l'offensant et l'offensé. Les gens de plume ont plutôt tendance à insulter les gens de micro que le contraire. Ceux qui rouspètent le plus sont les gens de plume dont on n'a pas pu faire passer les écrits au micro, même dans des adaptations. On relève un degré particulièrement élevé de fureur chez les essayistes et les auteurs de livres d'histoire de l'art ; ils ne sont dépassés que par certains professeurs de philosophie et leur descendance venimeuse. Ils s'entendent bien, car ce qu'ils donnent d'eux-mêmes constitue le point le plus extrême de l'impossibilité de passer par le micro. C'est la raison pour laquelle les intellectuels universitaires d'aujourd'hui, surtout ceux qui n'ont pas réussi dans les facultés, sont les grands perdants de l'époque. C'est chez eux que les concentrations de venin sont les plus élevées, car ils sont de triples perdants ; *primo*, ils manquent souvent de réussite dans la concurrence universitaire ; *secundo*, ils participent à la défaite des gens de plume de l'université contre les gens de plume du monde des lettres ; *tertio*, ils ont leur part de cette frustration que provoque le transfert général du pouvoir des médias, des gens de plume aux gens de micro.

C. O. : On pourrait en tirer une théorie de la division du travail médiatique. Au-delà, cette analyse débouche sur un psychogramme des mouvements de ressentiment dans le champ public. Tu es toi-même un personnage public sur lequel ces dynamiques apparaissent assez bien. Les esprits continuent à se diviser à propos de ta personne. La réalité n'est-elle pas plutôt que les opinions divergentes sur ta personne et sur tes livres font apparaître le clivage entre la philosophie universitaire et la philosophie libre ?

P. S. : Certainement, l'ouverture de ce fossé est un épisode de cette histoire des médias à laquelle j'ai fait allusion ci-dessus. Au XIXe siècle, parmi les gens de plume, les professeurs étaient encore tout en haut de l'échelle. Un professeur de philosophie allemand, ça venait juste après l'empereur, ou plutôt le prince régional, puisqu'il n'y avait pas d'empereur à l'époque. Hegel à Berlin, Schelling à Munich, Schlegel à Vienne, c'étaient des avatars, des dieux incarnés de la théorie à côté des monarques locaux. Schopenhauer, chez qui l'on voit déjà s'annoncer la manière dont la littérature va faire danser la langue des philosophes, a encore eu le dessous face au monde professoral et antipoétique de Berlin. Mais il y a ensuite eu l'événement Nietzsche, avec ses effets explo-

169

sifs gigantesques sur l'écologie de l'esprit. On aurait dit qu'un Goethe et un Kant avaient été comprimés dans la même personne, et c'est dans cette fusion que la langue allemande a atteint son sommet historique. Alors, ce sont les professeurs qui sont devenus nerveux, en constatant qu'on leur tondait la laine sur le dos. Et ils avaient raison de s'inquiéter, car la tendance demeura irréversible. Qu'est-ce donc que le XXe siècle, du point de vue des médias, sinon l'histoire de la manière dont les écrivains de la littérature ont inexorablement déclassé les écrivains de l'université ? S'il existe une personne sur laquelle les esprits des professeurs se divisent, c'est bien Nietzsche. Je me rappelle un débat en commission, à Zurich, il y a dix ans. Il s'agissait de m'y attribuer un poste de professeur invité pour un semestre, une nomination pour laquelle les étudiants avaient un droit de vote. Hermann Lübbe s'y est opposé, avec un argument parfaitement classique : ce Sloterdijk n'est qu'un écrivaillon, tout comme ce Nietzsche qui n'était lui aussi qu'un simple écrivaillon, nous ne voulons pas de ces gens-là. Ce vote délimite les fronts en présence avec une clarté inespérée. Cela dit, en l'occurrence, toute globalisation serait funeste, car il y a eu du côté des professeurs, au cours de ce siècle comme dans le précédent, des figures très importantes, des esprits parfaitement intègres et de grande envergure. Et ils existent encore, on les reconnaît d'abord au fait qu'ils sont dénués de ressentiments. Et Lübbe, qui a aussi un côté souverain, a pu finalement s'accommoder de ce que j'ai fait à l'époque à Zurich, malgré son vote négatif.

C. O. : Le fait que tu apparaisses aussi parfois à la télévision n'améliore pas non plus ta situation au regard d'une certaine critique académique. Tu l'as dit un jour, dans une interview : quand tu parles à la télévision, ce n'est pas tellement parce que tu crois que l'on comprend immédiatement ce dont tu parles. C'est plutôt pour esquisser une fréquence déterminée, un canal intellectuel sur lequel il serait possible d'envoyer des messages si l'on en avait les moyens.

P. S. : C'est exact, ta phrase reflète ma conception de l'usage intellectuel des médias. De manière un peu floue, sans doute. Mais sur la tendance, j'y souscris encore aujourd'hui.

C. O. : Et si tu la rendais plus tranchante ?

P. S. : Alors, je devrais un peu creuser. Les gens de plume travaillent tous avec des effets dans le lointain. Si tu envoies une lettre en Espagne à ta petite amie... Carlos, c'est seulement une hypothèse, je crois que tu préfères téléphoner.

C. O. : Pas en Espagne. Les appels locaux, oui...

P. S. : Carlos, j'ai besoin que tu envoies une lettre en Espagne pour mon argumentation, fais-moi ce plaisir. Permets-moi de faire cette supposition : tu lui écris, à *elle*, parce que tu veux que ta lettre produise un effet, et parce que tu crois qu'elle va le produire. Tu ne coucherais pas la moindre ligne sur le papier si tu n'étais pas persuadé que tu as

171

une possibilité de faire de la télépathie et que la dame, à deux mille kilomètres de distance, fond sous l'effet de tes mots. Même l'*imperator* César Auguste, à Rome, n'aurait pas fait envoyer un seul écrit de sa chancellerie, dans les lointaines provinces, s'il n'avait existé un système d'écriture et de transports justifiant l'attente que sa décision arrive sans avoir rien perdu de son sens en Afrique du Nord ou en Judée. Et pas seulement cela : elle devait aussi avoir une autorité constante, c'est-à-dire un pouvoir impératif sur un lieu étranger. Discours bref, long sens : l'écriture, c'est un système télépathique. Elle donne aux signes de l'affect et aux mots du pouvoir un effet à distance. Elle provoque des souffrances en un lieu où l'orateur-écrivain ne se trouve pas : c'est bien cela, la télépathie, la présence de l'absent sous la forme de signes hautement chargés. À ce moment-là, les antennes métaphysiques commencent à vibrer, n'est-ce pas ? L'écrit est la plus admirable découverte de l'histoire de l'humanité — celle qu'on a le moins comprise, aussi, et la plus dangereuse. Quelque chose de plus dangereux encore s'y est ajouté il y a peu de temps : les effets radio-télépathiques. Mais notre discussion se transforme en séminaire sur les médias, il faut arrêter, ça fait vraiment trop.

C. O. : Peut-être peux-tu développer ce point-là jusqu'à son terme. Lorsque ce sera fait, nous serons au bout.

P. S. : Nous nous gaspillons, la majeure partie de ce dont nous parlons ici finit à la poubelle, parce que nous aurons au maximum une heure d'antenne... En tout cas, dans le champ de ces écrits à distance, il faut distinguer entre deux formes, ou deux complexes — les effets télépathiques, au sens strict, c'est-à-dire ce mystérieux flot qui fait passer un quantum de puissance d'ici jusqu'au point distant où il agit, et la transmission informatique, le transport des signes. J'appelle le premier l'élément télépathique, le deuxième l'élément télématique. Dans la discussion actuelle, on entend presque exclusivement des commentaires sur le complexe télématique. On trouve partout des séminaires sur le flot d'informations, le langage des images, les systèmes de l'écrit, le design graphique, la différence digital-analogique, le nombre des canaux, le nouveau système 100 Hertz, le droit de réponse — tout ce discours médiatique typique. Sur une seule question, celle de savoir si la présentation de la violence dans les médias a un effet de contamination, transparaît un souffle du débat sur la télépathie, qui est pour le reste inexistant. C'est très symptomatique : aujourd'hui, lorsque l'on veut s'approcher de l'énigme de la télécommunication proprement dite, c'est-à-dire de la télépathie, on est forcé de parler des images de la violence. Le débat sur la violence dans les médias n'est que le symptôme d'une gigantesque incompréhension sur tout le reste, et cette lacune peut devenir fatale. Car sans analyse détaillée de la télépathie, nous ne comprenons littéralement rien aux guerres des esprits qui font rage aujourd'hui dans l'éther. Il est déjà impossible, si l'on ne maîtrise pas les concepts de la télépathie et de la télépathologie, de comprendre ce qu'étaient les hautes civilisations traditionnelles ; que faut-il alors penser de notre forme de monde, celle qui succède aux civilisations très avancées ? Ce sont des failles dangereuses...

C. O. : Il me semble que sur la question de la pornographie aussi, on trouve une manière d'aborder ce que tu appelles le débat sur la télépathie. Dans cette tentative de diagnostic sur l'époque, il était très important, à mes yeux, que nous touchions à la question des médias. Elle recèle, me semble-t-il, la clef des confusions postmodernes.

P. S. : « Confusions » est manifestement le mot-clef. Le mot « postmoderne », en revanche, est anodin, il signale exclusivement la fin de l'alerte intellectuelle : attention, ici débute la zone sans analyse, les impétrants sont priés de laisser à l'entrée leurs chaussures, leurs scrupules et leur besoin de comprendre. Tout cela a un rapport avec l'atmosphère postanalytique. Nous vivons dans un climat mêlé, fait de résignation intellectuelle et de clownerie médiatique offensive ; un climat d'ambivalence auquel ne sont pas étrangers ces gens de plume frustrés, ceux qui braillent qu'avec la prise du pouvoir des gens de micro sur la culture débute l'ère de la décadence absolue — une thèse qui a du reste déjà été prononcée vers 1800 par Johann Gottlieb Fichte à l'encontre des gens de lettre de son époque. Les autres agents de ce climat mêlé sont les fous des médias qui croient que faire le pitre devant la caméra constitue la moitié de la vie. Mais il s'agit de quelque chose de très précaire : du fait que nous en sommes encore au tout début de notre compréhension des télépathies écrites, alors que les télépathies électroniques nous inondent déjà.

C. O. : Et nous repoussons cette inondation en injuriant les nouveaux médias.

P. S. : Il serait peut-être plus productif de se laisser engloutir par l'inondation et d'en jouir sans la moindre honte : Viens, montre-moi, donne-le-moi, je te suis... La télévision, c'est le septième ciel... Encore, encore, je viens ! Bon, et après ? Chacun le sait, nous restons plantés là avec notre dévouement, nous nous ennuyons de plus en plus, nous zappons, une demi-heure ici, quelques minutes là — le nouveau média n'est pas à la hauteur. Il y a derrière cela l'information de toutes les informations. Le four médiatique est éteint, c'est de cela qu'il s'agit. Si la télévision est notre meilleure amie, c'est dans la mesure où, au bout du compte, elle nous laisse froids. Oui, vraiment, elle nous laisse en paix lorsque nous le voulons. Elle n'a que des programmes, mais pas de message, pas de mission, pas de devoir éducatif, et c'est quelque chose d'incroyablement libérateur.

C'est la raison pour laquelle nos médias libérateurs doivent enfin devenir des appareils, les appareils sont désintéressés, alors qu'avec les rédempteurs, on ne sait jamais vraiment. Avec les appareils, on peut supposer qu'ils sont morts lorsqu'ils sont éteints, parce qu'ils n'ont jamais vécu. Chez les êtres humains, même les prétendus dieux humains qui se sont présentés en libérateurs, on ne peut pas en être aussi certains que cela, même dans leur tombe, ils continuent à nous hanter et à attraper les âmes. Dans le cas du christianisme, cela fait presque deux mille ans que cela dure. Ce que veulent les individus, au bout du compte, c'est tout de même qu'on les laisse tranquilles, non ? Ils veulent aussi de l'excitation, je vais revenir sur ce point, mais ils veulent toujours et surtout qu'on les laisse tranquilles ; cette tranquillité, à présent, ils peuvent l'avoir, une fois pour toutes. La télévision nous informe sur le fait qu'au fond, tout n'est qu'image. À la télévision, l'histoire de la rédemption de l'humanité se parachève. C'est un rédempteur qui s'adresse au public en bâillant : « Quelque chose s'est passé ? Rien ne s'est passé. » S'il y a bien une chose que nous devrions nous rappeler, depuis nos cours de religion, c'est celle-ci : les intermédiaires sont des rédempteurs. Nous avons aujourd'hui appris à nous méfier de tous les rédempteurs ; il faut pourtant voir en eux un simple spécimen humain qui fait fructifier ses affaires, même lorsqu'il croit se dédier aux autres. Celui-là, ici, le téléviseur, c'est le premier qui nous laisse véritablement libre. Il ne nous hante pas, sa mort est une réalité à laquelle on peut se fier, il n'y a aucune résurrection à craindre, à part la redevance, bien sûr, mais même celle-là, on peut oublier de la payer sans que l'image disparaisse. Quelle est la différence entre un téléviseur allumé et un téléviseur éteint ? Réfléchis bien ! Pour moi, il n'y a pas de différence, ce n'est qu'un rythme, tam-tam, son-pause, allumé-éteint, c'est le monde tel que nous le connaissons. Regarder, ne pas regarder, événements, non-événements, images, non-images, tu comprends ? Nous n'avons pas besoin de travailler pendant des années ni de suivre une formation pour nous convertir au bouddhisme. La télévision nous a tous transformés en bouddhistes, nous nous livrons tous, et malgré nous, à la méditation. Le samsara et le nirvana : tu trouves cela sans arrêt sur l'écran. La télévision, c'est la dernière technique de méditation de l'humanité, dans l'ère qui suit celle des religions régionales élevées.

C. O. : Voilà une théorie des médias comme on n'en entend pas tous les jours...

P. S. : Je vais me poser une question à laquelle je vais répondre moi-même : si tout cela a des côtés positifs, pourquoi nos écrivains et nos éminents essayistes sont-ils tellement furieux contre cette machine-bouddha omniprésente qui nous a libérés dans l'ultime indifférence ? Qu'est-ce que ce média a fait aux auteurs, qui ne manifestent pour l'instant rien d'autre qu'une arrogante...

C. O. : Peter, excuse-moi, je me rappelle ici une remarque de Hans Magnus Enzensberger, qui a dit un jour que la télévision était le média zéro, c'est-à-dire un média qui, au bout du compte, ne dit rien d'autre que : l'appareil qui est en marche est en marche. Cette fonction paraît indispensable dans le monde moderne, vraisemblablement parce qu'elle crée quelque chose comme une plate-forme universelle. On pourrait dire quelque chose d'analogue pour la musique populaire, qui a perdu toute espèce de qualité spécifique et qui, pourtant, ou justement pour cela, a un effet intégrateur. Cette fonction de média zéro est insatisfaisante pour les intellectuels et les écrivains traditionnels, ils ne se retrouvent pas dans ce type de concept des médias. Leur revendication demeure tout de même de produire du non-arbitraire. Ils cherchent la communion directe avec le lecteur, ils s'efforcent d'obtenir une union qui ne soit pas indifférente.

P. S. : L'union dans la non-indifférence à partir du lointain, voilà ce que j'appelle le télépathique. Les auteurs intensifs d'aujourd'hui continuent à vouloir produire, dans le lointain, un effet relevant du pathos — de la même manière que si tu voulais envoyer à la dame, en Espagne, des signes susceptibles de mettre en mouvement son endocrinologie. L'auteur du pathos ou de la télépathie ne supporte pas cette apathie que déclenche le média zéro. L'extraordinaire, avec la télévision, c'est que chez elle, la télépathie se transforme en télé-apathie. Et dans cette mesure, la télévision est une forme de mort, un chemin technique vers la transcendance de ceci et de cela. En réalité, une telle transcendance peut sembler extrêmement souhaitable. Ce n'est pas pour rien que les plus grands esprits du monde entier l'ont cherché : Abraham et Bouddha, et Denys l'Aréopagite : ils ont tous repéré le point que l'on ne peut pas dépasser parce qu'il est lui-même dépassement. Ce dépassement n'a pas de forme en soi, ce n'est pas ceci, ni cela, ni les deux. Il semble à présent que la télévision dévoile ce genre de mystères en bavardant, d'une manière impudente et qui ne va pas sans danger. C'est comme si l'on évoquait, devant les enfants, le fait qu'au bout du compte, tout est néant — ils n'y verraient pas l'illumination, mais une déception insupportable, et leur rage ne

connaîtrait pas de frontières. N'est-ce pas
précisément ce que nous vivons partout
aujourd'hui ? Une rage de dévalorisation
démesurée, après tant d'images qui s'annu-
lent les unes les autres ?

C. O. : Il me vient à l'esprit que chez Leib-
nitz, on trouve cette question : pourquoi y
a-t-il plutôt quelque chose que rien ? Heidegger a rédigé des commentaires profonds là-
dessus. Il me semble, si je suis tes réflexions,
que nous devrions aujourd'hui, en considé-
rant les mass media électroniques et le
malaise qu'ils nous causent, leur demander :
pourquoi voulons-nous dire quelque chose
plutôt que rien ? Ce qui me semble, c'est que
dans notre culture, il existe toujours un surcroît d'étant sur le néant. Cela paraît constituer une partie de la passion occidentale. Le
vouloir-dire-quelque-chose dépasse le rien-
dire. Pourquoi en va-t-il ainsi ?

P. S. : Mon Dieu, Carlos, et moi qui
croyais que nous touchions au but ! Tu as
raison, les scribes, les écrivains, les penseurs
par la plume ne peuvent pas s'accommoder
du ne-rien-dire, même lorsqu'ils atteignent la
lisière de l'indicible. Nous voulons que l'écriture continue, et seuls peuvent continuer des
processus que leur masse pousse à se prolonger. Il faut pour cela une masse de pathos,
une tendance ayant une capacité télépathique
et une demande de télépathie. C'est la loi du
positif. On pourrait aussi dire que c'est la loi
de l'émotion, de la volonté du monde comme
événement. Nous nous défendons contre la
dissolution dans l'indifférence tant que nous
tenons à la vie. La grande nuit de l'indiffé-

179

rence est trop sombre pour nous, on s'en réveille si mal. Dans mes derniers livres, notamment dans *Weltfremdheit*, j'ai tenté de montrer pourquoi la conception de la Grande Nuit, la conception de la Libération dans la Grande Indifférence, et aussi la conception du Grand Non-Vouloir, nous sont au fond superflues. À bien y regarder, nous n'avons pas besoin de ces très puissants motifs de la religion. Il existe toujours suffisamment de petite nuit, suffisamment de petite indifférence et de petites pauses de la volonté. Si cela était compris, à quoi servirait encore la rédemption, avec ses trompettes et son principe ? La transcendance est une dimension rythmique, pas métaphysique. On est toujours suffisamment ailleurs — qui donc est vraiment là ? Et quand ? Il y a peu, j'ai trouvé quelque part chez René Char une phrase qui me trotte dans la tête : Si l'homme, de temps en temps, ne fermait pas souverainement les yeux, écrit-il, il n'aurait bientôt plus rien qui mérite d'être contemplé.

C. O. : C'est magnifique.

P. S. : Je ne suis même pas sûr de comprendre ce que Char lui-même entend par là. Mais une chose me paraît claire : ici, la dimension des petites fins du monde, des néantisations quotidiennes de toute chose, joue aussi un rôle — et c'est à elles que j'ai réfléchi dans *Weltfremdheit*. On ne remarque les images que si l'on n'en a pas vu pendant assez longtemps. Et si tu me demandes ce que signifie « assez longtemps », je te répondrai : assez longtemps, c'est la mesure des fins du monde intermédiaires. Pour la

180

plupart des gens, une nuit de bon sommeil, une distraction intellectuelle, une promenade autour du pâté de maisons suffisent. Ensuite, cela vaut de nouveau la peine de voir les choses. Fermer souverainement les yeux, c'est peut-être un nom de code poétique pour « dériver, se reposer ».

C. O. : Peter, je crois que nous sommes vraiment au terme de notre expérience. À moins qu'il y ait encore quelque chose que tu désires ajouter, rétrospectivement, sur ces heures de discussion ? Une conclusion, peut-être...

P. S. : Carlos, nous avons tant parlé ! Si j'avais deviné quelle torture ce serait, je n'aurais jamais pris rendez-vous avec toi. Et il faut vraiment que je dise quelque chose de plus ? Eh bien soit, je vais dire encore quelque chose sur l'instinct qui pousse à dire encore quelque chose... Je ne sais où en Afrique orientale, en Tanzanie, je crois, ils ont trouvé, voici quelques décennies, le squelette d'une femelle singe qui est censée avoir déjà été plus femme que singe. Les chercheurs l'ont appelée Lucy, les Beatles ont fait une chanson sur elle, assez débile d'ailleurs. Je me demande si Lucy, en regardant la savane, avait des pressentiments. Nous a-t-elle pressentis ? Je ne le sais pas. Cela me tranquilliserait de m'imaginer que les animaux nous ont vus venir. Ce serait plus facile, ensuite, de s'identifier aux animaux. Lucy était vraisemblablement plus curieuse qu'anxieuse, sa curiosité serait sans doute le sens qui lui aurait permis de nous deviner. Elle vivait bien avant le langage, le logos était encore tellement éloigné, elle vivait un million d'années avant l'oralité. Et pourtant, elle fait déjà partie de notre espèce, les anthropologues l'affirment. Lucy serait donc aussi un bon début pour des écrivains. Parfois, je me demande : de quel droit, à la demande de qui écris-tu, au juste ? Tous les auteurs se posent la question de temps en temps. Que doit-on dire ? Qui se trouve derrière toi ? Il y a des collègues qui, lorsque la question est soulevée, jouent au mystique solitaire et silencieux, ils admettent, en feignant la tristesse, qu'ils n'ont personne derrière eux. Tout vient d'eux-mêmes. Parfois, à l'occasion, j'ai moi aussi ressenti la tentation de faire comme eux, mais lorsque j'y réfléchis bien, je me dis que c'est un mensonge. Chez l'animal qui a le langage, la solitude est toujours un mensonge. On a derrière soi tant et tant de personnes qui ont parlé, même si elles ne vous envoient pas en avant en ambassadeur. Et à l'avenir, il y aura encore des créatures vivantes qui parleront. Le flot de la parole est si large, il remonte beaucoup plus loin en arrière que les gens de plume n'ont coutume de l'admettre. Je ne veux pas parler des faiseurs de mythes et des fondateurs de religion, pas plus que des classiques, des philosophes ou des poètes. Ils sont de toute façon encore trop proches de nous, nous avons plus tendance à les éviter qu'à accepter des missions de leur part. Lucy, sur ce point, a une position plus favorable, elle est vraiment très éloignée, et pourtant, si ce que l'on dit est vrai, elle fait déjà partie de la famille. Je m'imagine une dame demi-singe accroupie à côté de moi, parfois, une lueur apparaît dans ses yeux, elle sent quelque chose venir, même si le langage n'existe pas encore pour elle. Mais qui sait, elle pressent le monde de la parole, elle sent qu'il existe des cadeaux qui volent à travers l'air, elle pressent sans doute aussi qu'il existe des effets dans le lointain. Puis elle me pousse sur le côté — ce n'est pas ma faute, mais il me semble que je comprends ce qu'elle veut dire. Vas-y, dis quelque chose. Même un ordre de mission, pas très précis, mais ça suffira pour commencer.

Postface

L'entretien reproduit dans ce livre a eu lieu le dimanche 4 septembre 1994 à Munich, entre onze heures du matin et deux heures et demie de l'après-midi. Si l'on repassait les bandes en ne s'arrêtant pas au dialogue lui-même, mais en écoutant aussi les bruits de fond, on entendrait certainement de temps en temps les trains qui, toutes les heures, quittent la gare centrale de Munich en direction de l'est, en empruntant le pont surélevé de la Kolumbusplatz. Au début, j'ai parcouru avec un brin de mauvaise humeur les retranscriptions de ces bandes que Carlos Oliveira a fait réaliser une année environ *post eventum* ; mais j'ai finalement eu l'opinion que ces formulations instantanées pourraient tout de même présenter un intérêt au-delà du pré-texte immédiat. De nouveau contaminé par l'atmosphère symphilosophique du dialogue, j'ai consacré quelques jours à compléter et relever la retranscription. Ce livre a été augmenté d'environ un cinquième par rapport à

184

l'original. À l'automne 1994, le programme culturel du Bayerischer Rundfunk a diffusé deux émissions d'environ quarante minutes, chacune reprenant des extraits de cet entretien. Je remercie très cordialement Peter Hamm pour la bienveillance avec laquelle il a supervisé ces émissions. À partir de celles-ci, sous la direction éditoriale de Stephan Krass, une version en cassette audio légèrement revue a paru en 1996 dans la collection « *Autobahnuniversität* » des éditions Carl Auer, en collaboration avec l'édition S2 Kultur du Südwestfunk, sous le titre : *Peter Sloterdijk — Vorträge und Gespräche 6, Weltfremdheit und Weltlosigkeit, Peter Sloterdijk im Gespräch mit Carlos Oliveira.* Ce document sonore donne aux lecteurs et aux auditeurs l'occasion de se faire une idée de la distance entre la version orale et la version écrite de cet entretien.

Après quelques hésitations, Carlos Oliveira et moi-même avons décidé de renoncer à un entretien supplémentaire. Au début, il était tentant de retendre l'arc et de recommencer de zéro, avec près de deux ans de recul. D'abord pour éliminer des lacunes manifestes, ensuite pour commenter les événements actuels devant l'horizon de nos thèses fondamentales sur le diagnostic de l'époque. Mais ces deux élans n'ont pas résisté à la réflexion critique ; pour ce qui concerne le premier, un fait plaide contre lui : il n'avait jamais été question d'établir une liste représentative de thèmes relevant de la philosophie culturelle. Pour ce qui concerne le second, le risque serait trop grand de se perdre dans une sélection arbitraire d'événements qui seraient tous symptomatiques de quelque chose. Il ne fait aucun doute que depuis septembre 1994, beaucoup d'événements se sont produits qui pourraient justifier des commentaires féconds en matière de diagnostic sur l'époque. On pourrait parler de la grande grève des transports publics en France, en 1995, et de la crise de l'État social occidental des temps modernes ; des vacances provisoires forcées des employés de l'État à Washington et de la crise des dettes américaines, comme symptômes de l'économie de la simulation ; de la privatisation de la guerre de Yougoslavie par un écrivain récalcitrant [1] et de l'esthétique postmoderne de la gêne. De l'épidémie de la vache folle et du rôle des paniques dans la régie médiatique des sociétés de masse ; d'une série d'attentats terroristes significatifs et des limites du pacifisme de la connexion, etc. Ce genre de choses aurait toujours été à la fois intéressant et arbitraire.

S'il me reste un regret d'avoir préféré ne pas mener d'entretien ultérieur, c'est surtout l'idée que les deux interlocuteurs auraient eu l'occasion de préciser après coup leurs idées sur le rapport de l'esprit et du temps. On peut relativiser ce regret en espérant que les lecteurs seront suffisamment généreux, autonomes et rigoureux pour compléter à partir de leurs propres connaissances et de leur expérience ce qui est resté ici imprécis et inexprimé.

Peter SLOTERDIJK

1. Il s'agit d'une allusion à la querelle déclenchée par Peter Handke avec son livre consacré à son voyage en ex-Yougoslavie, *Un voyage hivernal vers le Danube, la Save, la Morava et la Drina*, trad. de Georges Lorfèvre, Gallimard, 1996. *(N.d.T.)*

Table des matières

Achevé d'imprimer en mars 1999
par la SOCIÉTÉ NOUVELLE FIRMIN-DIDOT
(Mesnil-sur-l'Estrée)
pour le compte des Éditions Calmann-Lévy
3, rue Auber, Paris 9ᵉ

Photocomposition Nord Compo
59650 Villeneuve-d'Ascq

Imprimé en France
Dépôt légal : mars 1999
N° d'édition : 12788/01 - N° d'impression : 46351